JN064611

教養として
知っておきたい

「日本史の200人」一問一答

金谷 俊一郎
Kanaya Shunichiro

ベレ出版

はじめに

　大人の学び直しの本が流行っています。わたくしもそのおかげでこのような書籍を世に問うことができます。しかし、それらの学び直しの本でどれだけの方が学び直しを実現したでしょうか。多くの方は、本を購入して、さらっと読んだだけでわかったような気になっているだけで結局、後になって思い返してみても何も頭に残っていないという方がほとんどではないでしょうか。

　これがもし学習参考書の世界ならばその学習参考書は失格です。私は学習参考書の印税で生計を立てています。もしそのような、買っただけで身についていないような参考書を書いていては、とてもではないですが学習参考書の印税でご飯を食べることは難しいでしょう。それなのに大人の学び直しの世界では、そのような本が堂々とまかり通っているのです。

　もちろん大人の方は受験生ではないので、しっかりマスターしてもらうのは簡単なことではありません。

　知識の定着に必要なことは「短時間で気軽に何回も繰り返せる」ということです。そのようなツールということで、私は 1993 年に三省堂から『日本史のそのまま出るパターン　一問一答』という本を出版させていただきました。大学受験に即応した一問一答ということで、おかげさまで好評を得て、現在その完全版の『日本史Ｂ一問一答〜完全版〜』（東進ブックス）は、ほぼ全ての日本史受験生が持っている参考書となり、毎年多くの受験生から 感謝の手紙やメールをいただくようになりました。

　そこで今回、日本史の大人の学び直しということで、こちらの一問一答の「大人版」を出版することとなりました。大学受験対策の書物ではございませんので、「試験に出る」という観点ではなく、「学校で学んだ、大人として知っておきたい最低限の常識」と「周りに話したくなるエピソード」、そして「これを知っ

ていたらマニアック」という三つの視点でお送りいたします。

　取り上げたのは、日本人なら知っておきたい日本の偉人 200 人です。この
200 人は 教養としてぜひとも知っておいてもらいたい人物ばかりです。そして
この 200 人について、上記三つの視点で語り尽くしました。この本に載って
いる内容がわかっていれば、正直、日本の歴史上の偉人についての話題で恥
ずかしい思いをすることはないでしょう。

　しかもその知識が手軽にチェックできるようになっているのです。

　またテレビやインターネットニュースなどで歴史上の人物が登場したときは、
ぜひとも本書を手にとってください。自分がその人物についてどれぐらい理解
しているか、そして足りない部分はどこかというのがパッと見てわかります。翌
日までには、その人物については どこに行っても恥ずかしくないレベルにまで
なっていることでしょう。

　そして本書で興味を持った人物については、ぜひともインターネットや書物
などで、もっともっと深掘りしてください。歴史に対する興味が掻き立てられ
ること請け合いです。

本書の使い方

以下の指標を参考にしてチャレンジしてみてください。
人物ごとに学んでも、レベルごとに学んでも結構です。

★★★	常識レベル
★★	知っておきたいレベル
★	通レベル
	自慢できるレベル
✓	マニアレベル

目次

第3章　戦国・近世

第4章　　近代

第5章　現代

古代

卑弥呼 <ruby>卑<rt>ひ</rt></ruby><ruby>弥<rt>み</rt></ruby><ruby>呼<rt>こ</rt></ruby>（3世紀）

呪術の力で日本を戦乱から救った、神秘の力を持つ巫女。

学校で習ったレベル

☐ 1. 卑弥呼が、★★★〈国名〉の女王になると、倭国の戦乱はおさまった。(早大)

| 邪馬台国 |

☐ 2. 卑弥呼は、巫女として ★★ 〈漢字2文字〉を用いた呪術的な政治を行なった。(立命館)

| 鬼道 |

☐ 3. 卑弥呼はかなり歳をとっていたが、★ がおらず、★ が政治を補佐していた。

| 夫 |
| 弟 |

☐ 4. 卑弥呼は239年、★★★〈国名〉に使いを送った。(青学)

| 魏 |

☐ 5. 卑弥呼は ★★★ の称号を贈られた。(学習院)

| 親魏倭王 |

☐ 6. 卑弥呼は、★ 国との抗争中に死去した。(青学)

| 狗奴国<rt>くぬ</rt> |

☐ 7. 卑弥呼の後継者となった女性は ★★★ である。(慶應)

| 壱与<rt>いよ</rt> |

☐ 8. 邪馬台国の位置には ★★ 説と ★★ 説がある。

| 畿内説、九州説 |

大人として知っておきたいレベル

☐ 9. 邪馬台国畿内説の最有力となる遺跡は、奈良県の □□□ 遺跡である。

➡この遺跡の南にある大規模古墳は □□□ である。

| 纏向<rt>まきむく</rt>遺跡 |
| 箸墓古墳<rt>はしはか</rt> |

☐ 10. 卑弥呼が亡くなった年(247年)と翌年に相次いで起こった天文現象は、□□□ である。

| 皆既日食 |

こぼれ話

卑弥呼が亡くなったとされる247年と翌248年に、日本では相次いで皆既日食が見られ卑弥呼の神格化をさらに高めることになりました。最近の日本で起こった皆既日食は、2009（平成21）年に屋久島のあたりだけで見られたものが最後で、次の皆既日食は2035年ですから、ものすごい頻度で起こったということがわかります。

神武天皇
<ruby>神<rt>じん</rt></ruby><ruby>武<rt>む</rt></ruby>

日本の建国者として神話に残る。初代天皇。

学校で習ったレベル

□ 1. 1873（明治 6）年、日本書紀が伝える神武天皇即位の
日を ★★ と定め、国民の祝日とした。(中央)

紀元節

□ 2. 紀元節は ★★ 月 ★★ 日である。(同志社)

2 月、11 日

□ 3. 1940（昭和 15）年、神武天皇即位 ★ 周年にあ
たるとして祝賀行事が盛大に営まれた。(津田塾)

2600 周年

□ 4. 1955（昭和 30）年から起こった戦後復興の好景気を
★★ 景気という。(関学)

神武景気

大人として知っておきたいレベル

□ 5. 神武天皇は _____ の曾孫である。

瓊瓊杵尊
（ににぎのみこと）

□ 6. 神武天皇は日向（宮崎県）から _____ を行ない、大
和（奈良県）にやってきたとされる。

東征

□ 7. 神武天皇の東征の際、_____ という動物が、熊野から
大和への道案内を行なった。

八咫烏
（やたがらす）

➡ この動物は、足が _____ 本あるとされている。

3 本

□ 8. 神武天皇は、_____ を倒して大和を平定した。

長髄彦
（ながすねひこ）

□ 9. 神武天皇は _____ 年に即位した。

紀元前 660 年

□ 10. 神武天皇は _____ 宮で即位した。

橿原宮

□ 11. 神武天皇の陵は _____ 陵である。

畝傍山東北陵
（うねびやまのうしとらのすみのみささぎ）

□ 12. 奈良県の _____ は神武天皇を祀る神社である。

橿原神宮

こぼれ話

神武天皇は伝説上の人物ではありますが、現在の教科書ではほとんど触れられていま
せん。「大人として知っておきたいレベル」の問題を難しいと感じたかもしれませんが、
これはすべて戦前の小学校の教科書に載っていたレベルです。

聖徳太子（厩戸皇子）(574～622)

冠位十二階・憲法十七条を制定、遣隋使を派遣。

学校で習ったレベル

- [ ] 1. 聖徳太子は [   ] の子である。（関大）
- [ ] 2. 聖徳太子は [★★★] 天皇の摂政となった。（同志社）
- [ ] 3. 豪族の [★★★] とともに政治を行なった。（立命館）
- [ ] 4. [★★★] を定め、個人の才能・功績を重んじた。（慶應）
- [ ] 5. 役人の心得として、[★★★] を定めた。（関大）
- [ ] 6. 小野妹子を [★★★] として派遣した。
- [ ] 7. 聖徳太子の宮殿を [★] という。
- [ ] 8. 摂津国に [★★★] 寺を建立した。（慶應）
- [ ] 9. 607年、飛鳥に [★★★] 寺を建立した。（日大）

  ➡この寺院の西院伽藍は、世界最古の [★] である。

- [ ] 10. 法隆寺の [★] は、聖徳太子の像といわれる。
- [ ] 11. 『 [★★] 』『 [★★] 』という歴史書を編纂した。
- [ ] 12. 『 [★] 』という経典の注釈書を著した。（京産）
- [ ] 13. 中宮寺の [★] は、妻の橘大郎女が、聖徳太子の冥

  福を祈って織らせたものである。（実践女子）

- [ ] 14. 子の [★★] は、蘇我氏に滅ぼされた。（成城）

大人として知っておきたいレベル

- [ ] 15. 聖徳太子の墓は大阪府太子町の [   ] にある。

用明天皇

推古天皇

蘇我馬子

冠位十二階

憲法十七条

遣隋使

斑鳩宮

四天王寺

法隆寺

木造建築物

救世観音像（くぜ）

天皇記・国記

三経義疏（さんぎょうぎしょ）

天寿国繡帳（てんじゅこくしゅうちょう）

山背大兄王

叡福寺

こぼれ話

聖徳太子は、現在の教科書では「厩戸王（聖徳太子）」と表記されることが一般的です。これは、他の天皇の子が「王」や「皇子」で記されているため、聖徳太子の表記もそれに統一したからです。聖徳太子がいなかったわけではありません。

小野妹子 <ruby>お<rt>お</rt></ruby> <ruby>の<rt>の</rt></ruby> <ruby>いも<rt>いも</rt></ruby> <ruby>こ<rt>こ</rt></ruby> （生没年不詳）

遣隋使として隋に渡り、中国と対等に渡り合おうとした男。

古代

学校で習ったレベル

☐ 1. 607 年、 ★★★ として中国に渡った。 | 遣隋使

☐ 2. 隋の皇帝 ★★★ に国書を渡した。（中央） | 煬帝

☐ 3. 彼の持参した国書に「日出ずる処の ★★ 、日没する | 天子

処の ★★ に書を致す」と記されていたため、煬帝は | 天子

怒った。

☐ 4. 608 年、隋の使い ★★ とともに帰国した。（中央） | 裴世清

☐ 5. 608 年、留学生 ★★★ 、留学僧 ★★★ ・ ★★★ | <ruby>高 向玄理<rt>たかむこのくろまろ</rt></ruby>

とともに再び隋に渡った。（早大） | <ruby>旻・南淵 請 安<rt>みん・みなみぶちしょうあん</rt></ruby>

☐ 6. ★★★ と ★★★ は、大化の改新で国博士となった。 | 高向玄理・旻

（岡山大）

☐ 7. ★★ は、唐で亡くなった。（立命館） | 高向玄理

大人として知っておきたいレベル

☐ 8. 帰国の際、煬帝の国書を 〈国名〉人に奪われた | 百済

といって献上しなかったため、流刑にされかけた。

☐ 9. 隋では と称していた。 | <ruby>蘇因高<rt>そ いんこう</rt></ruby>

こぼれ話

小野妹子の「子」の字に違和感を覚える人は多いと思います。男性なのになぜ「子」
という字がつくのだろうと。しかし小野妹子の名前の違和感は、実は「妹」のほうな
のです。「子」が女性の名前になったのは奈良時代からです。ただ、「妹」という文字は、
本来、愛する女性に用いる文字で、男性の名に用いられることはなく、これは歴史の
ナゾとなっております。

煬帝が日本からの国書に怒った理由は、隋を「日没する処」と書いたからだけではあ
りません。中国の皇帝と日本の天皇を、どちらも「天子」と書いて、同列に扱ってい
たからです。

13

天智天皇 (626〜671 在位 668〜671)

蘇我氏を滅ぼし、改新政治を行なうが百済救援に失敗。

□ 1. 天皇即位の前の名は ★★★ である。　　　　　　　　　中大兄皇子

□ 2. 父は ★ 天皇である。(専修)　　　　　　　　　　　　舒明天皇

□ 3. 母は ★ 天皇である。(関大)　　　　　　　　　　　　皇極〔斉明〕天皇

□ 4. ★★★ とともに、蘇我氏を滅ぼした。(関大)　　　　　中臣鎌足

　　➡この事件を ★★★ という。(新潟大)　　　　　　　　乙巳の変

□ 5. 大極殿で ★★ を倒した。(青学)　　　　　　　　　　蘇我入鹿

□ 6. 蘇我氏滅亡後、★★★ となり政治を行なった。　　　　皇太子

□ 7. 蘇我氏滅亡後、★★ に都が移された。(同志社)　　　　難波長柄豊碕宮

□ 8. 百済を救援するために、唐・新羅と ★★★ 〈戦乱名〉で　白村江の戦い
　　争ったが敗れた。

□ 9. ★★ に都を移し、天皇に即位した。(同志社)　　　　　近江大津宮

□ 10. 初の全国的戸籍である ★★★ を作成した。(青学)　　　庚午年籍

□ 11. 子の ★★★ に皇位を継承しようとした。(早大)　　　大友皇子

□ 12. 彼の歌は、小倉百人一首の ▢ 番目に収められてい　　1
　　る。

　　➡その歌は「秋の田の仮庵の庵の苫をあらみ ▢　　　わが衣手は
　　露にぬれつつ」である。

□ 13. 彼が水時計をつくり時報を始めた ▢ 月 ▢　　　6月10日
　　日は「時の記念日」である。

こぼれ話

蘇我氏を滅ぼした事件を「大化の改新」と呼ぶと思った人も多いでしょう。しかし、大化の改新は、蘇我氏を滅ぼした後の一連の政治改革の名称です。

天武天皇 てん む（?〜686　在位：673〜686）

壬申の乱に勝利し、皇族中心の政治体制へ移行。

学校で習ったレベル

☐ 1. 天皇になる前は ★★★ 皇子という名であった。(早大)　　大海人皇子

☐ 2. 兄は ★★★ 天皇である。　　天智天皇

☐ 3. 父は ＿＿＿＿ 天皇である。　　舒明天皇

☐ 4. 天智天皇の頃、出家して ★ 〈地名〉にいた。(関学)　　吉野

☐ 5. 天智天皇の死後、挙兵して ★★★ を破った。(早大)　　大友皇子

　　➡この戦いを ★★★ という。(早大)　　壬申の乱

　　➡敗れた人物は、後に ★ 天皇の名を贈られた。　　弘文天皇

☐ 6. ★★★ 宮で即位した。(同志社)　　飛鳥浄御原宮

☐ 7. ★★★ という皇族中心の身分秩序を確立した。(神奈川大)　　八色の姓

　　➡この身分秩序の最高位は ★ である。(横国大)　　真人

☐ 8. ★★★ 令という法律を制定した。(埼大)　　飛鳥浄御原令

☐ 9. この頃、和同開珎に先駆けて ★★★ が鋳造された。　　富本銭

☐ 10. 天武天皇の時代の文化を ★★★ 文化という。(早大)　　白鳳文化

☐ 11. 皇后の病気平癒のため ★★★ を建立した。(慶應)　　薬師寺

☐ 12. 稗田阿礼に『 ★★ 』『 ★★ 』を暗誦させた。　　帝紀・旧辞

大人として知っておきたいレベル

☐ 13.『万葉集』を代表する歌人 ＿＿＿＿ と恋に落ちた。　　額田 王 ぬかたのおおきみ

☐ 14. 稲作期間の ✂＿＿＿ を禁止した。　　肉食

こぼれ話

富本銭は、『日本書紀』に「天武天皇の頃に鋳造された」とあるのですが、実物の存在は知られていませんでした。1998（平成10）年、奈良県の飛鳥池遺跡から富本銭が30枚以上発見され、その存在が証明されたのです。

持統天皇(じとう) (645〜702 在位690〜697)

天智天皇の娘で、天武天皇の妻。孫のために自ら天皇に。

学校で習ったレベル

□ 1. 父は ★ である。 / 天智天皇

□ 2. ★★★ 天皇の皇后である。(立教) / 天武天皇

□ 3. 夫の没後、子の ★ が亡くなったため、天皇に即位した。(同志社) / 草壁皇子(くさかべのみこ)

□ 4. 夫の制定した ★★ を施行した。(早大) / 飛鳥浄御原令

□ 5. ★★ という戸籍を作成した。(京大) / 庚寅年籍(こういんねんじゃく)

□ 6. 694年、★★★ に遷都した。(國學院) / 藤原京

□ 7. 孫(★★★ 天皇)が成人すると譲位した。(同志社) / 文武天皇

大人として知っておきたいレベル

□ 8. 名を ___ という。 / 鸕野讃良(うののさらら)

□ 9. 夫の天武天皇が、別の女性に産ませた ___ 皇子を謀反の罪で死に追いやったといわれる。 / 大津皇子(おおつのみこ)

□ 10. 小倉百人一首に「 ___ 夏来にけらし白妙の ___ 天の香具山」という和歌がある。 / 春すぎて、衣ほすてふ

□ 11. 里中満智子の『 ___ 』は、持統天皇を主人公にした漫画である。 / 天上の虹

□ 12. 藤原京の近くにある ___ は、天武・持統天皇の合同墓である。 / 野口王墓

こぼれ話

持統天皇は、父が天智天皇、夫が天智天皇に対立する天武天皇というだけで数奇な運命をたどった人物であるということがわかります。壬申の乱では、弟の大友皇子ではなく、夫を支持しましたが、天武即位後は、他の女性が産んだ夫の子に苦しめられました。

藤原不比等 <ruby>藤<rt>ふじ</rt></ruby><ruby>原<rt>わら</rt></ruby><ruby>不<rt>ふ</rt></ruby><ruby>比<rt>ひ</rt></ruby><ruby>等<rt>と</rt></ruby> (659〜720)

鎌足の子として、奈良時代初期に絶大な権力を持った男。

古代

学校で習ったレベル

☐ 1. 父は ★★★ である。(法政) — 中臣鎌足

☐ 2. 刑部親王とともに ★★★ を作成した。(早大) — 大宝律令

　　➡この作成は、 ★ 年に行なわれた。(関学) — 701

☐ 3. 娘の ★ を文武天皇の妃とした。(法政) — 宮子

　　➡彼女が産んだ子が後の ★★ 天皇である。(立教) — 聖武天皇

☐ 4. 娘の ★★★ を聖武天皇の皇后とした。(関学) — 光明子

　　➡彼女の母は 　　　　 である。(慶應) — <ruby>県<rt>あがた</rt></ruby> <ruby>犬<rt>の いぬ</rt></ruby><ruby>養<rt>かいの</rt></ruby> <ruby>三<rt>み</rt></ruby><ruby>千<rt>ち</rt></ruby><ruby>代<rt>よ</rt></ruby>

☐ 5. ★★★ を制定したが、施行前に亡くなった。(学習院) — 養老律令

☐ 6. 最終的に ★ 〈官職名〉にまで出世した。 — 右大臣

大人として知っておきたいレベル

☐ 7. 平城京遷都の際、 　　　　 を建立した。 — 興福寺

　　➡この寺は元々 ▼　　　 という名であった。 — <ruby>山階寺<rt>やましなでら</rt></ruby>

☐ 8. ▼　　　 の落胤という説がある。 — 天智天皇

☐ 9. 『竹取物語』で、かぐや姫に求婚する5人の男性のうち

　　▼　　　 は、藤原不比等がモデルといわれる。 — <ruby>車<rt>くら</rt></ruby><ruby>持<rt>もち</rt></ruby><ruby>皇<rt>の み</rt></ruby><ruby>子<rt>こ</rt></ruby>

こぼれ話

藤原不比等は、異例とも思える出世をしたので、「実は天智天皇の子である」という伝説があります。『大鏡』には、「天智天皇が妊娠させた女性を鎌足が引き取ることになった際、天智天皇は『もし男の子が生まれたら、お前の子とせよ。女の子が生まれたら、私の子にする』と言った。」という伝説が残っています。平安時代の頃、この伝説は有名で、『竹取物語』のモデルにもなったのです。

車持皇子は、かぐや姫から「蓬莱の玉の枝」を取ってくるようにいわれますが、職人に偽物を作らせ、かぐや姫に献上します。しかし職人が「玉作りの報酬をもらっていない」と訴え出たためこの玉が偽物と判明しました。

阿倍仲麻呂 <ruby>阿<rt>あ</rt></ruby><ruby>倍<rt>べの</rt></ruby><ruby>仲<rt>なか</rt></ruby><ruby>麻<rt>ま</rt></ruby><ruby>呂<rt>ろ</rt></ruby> (698〜770)

日本人でありながら、唐の玄宗皇帝に重用された秀才。

学校で習ったレベル

☐ 1. ┃ ★★★ ┃ に選ばれ、唐に渡った。　　　　　　　　　　　遣唐使

　　➡同じ時、唐に渡った者に、後に政界で活躍した

　　┃ ★★ ┃・┃ ★★ ┃ がいる。(上智)　　　　　　　吉備真備・玄昉
　　　　　　　　　　　　　　　　　　　　　　　　　（きびのまきび）（げんぼう）

☐ 2. 唐の ┃ ★★ ┃ に重用され、唐で亡くなった。　　　　　玄宗皇帝

☐ 3. 中国での名を ┃　　　┃ という。(早大)　　　　　　　　朝 衡
　　　　　　　　　　　　　　　　　　　　　　　　　　　　（ちょうこう）

☐ 4. 唐で亡くなった ┃　　　┃ とともに、唐にとどまり、亡くなっ　藤原清河

　　た。(慶應)

大人として知っておきたいレベル

☐ 5. 「┃　　　┃ ふりさけ見れば春日なる三笠の山に出でし月　天の原

　　かも」 という歌が百人一首に選ばれている。

☐ 6. 唐で最も難しい試験である ┃　　　┃ に合格した。　　　　科挙

☐ 7. 唐の滞在は ┃　　　┃ 年を超えた。　　　　　　　　　　50

☐ 8. 交友のあった漢詩人に ┃　　　┃・┃　　　┃ がいる。　　李白・王維

☐ 9. 明治時代の画家 ┃　　　┃ は、阿倍仲麻呂を題材とした　富岡鉄斎

　　『阿倍仲麻呂明州望月図』 を描いた。

こぼれ話

阿倍仲麻呂は、日本人でありながら中国で最も難しい官吏採用試験である科挙に合格するなど秀才でした。漢詩にも造詣が深く、李白や王維といった有名な漢詩人とも交流がありました。

2004年、唐の長安で、日本人留学生の墓誌が発見されました。井真成という人物です。墓誌があるということは、唐である程度の待遇を受けていたことを示します。このように当時の遣唐使には、非常に優秀な人が任命されていたということがわかります。

聖武天皇 _{（しょう む）}（701-756　在位 724-749）

奈良時代を代表する天皇。その力は大仏と正倉院でわかる。

学校で習ったレベル

☐ 1. 父は、 ★★ 天皇である。　　　　　　　　　　　文武天皇

☐ 2. 母は、 ★★ である。（早大）　　　　　　　　　　宮子

　　➡ 母は ★ 〈父親の名〉の娘である。（立教）　　藤原不比等

☐ 3. 皇后は ★★★ である。（関学）　　　　　　　　光明皇后

　　➡ 皇后の父は ★★ である。（関学）　　　　　藤原不比等

☐ 4. 724（神亀元）年、即位すると、 ★★ を登用した。　藤原四子

　　➡ 彼らの死後、皇族の ★★★ を登用した。（上智）橘諸兄

☐ 5. 仏教により国を守る ★★★ という思想を持った。鎮護国家

☐ 6. 740（天平 12）年、 ★★ に遷都した。（学習院）　恭仁京

☐ 7. 741（天平 13）年、 ★★★ の詔を出した。　　　国分寺建立の詔

☐ 8. 743（天平 15）年、 ★★★ 造立の詔を出した。　大仏造立の詔

　　➡ この詔は ★★ 〈宮都名〉で出された。（早大）紫香楽宮

☐ 9. 彼の時代を中心とした文化を ★★★ 文化という。天平文化

☐ 10. 東大寺の ★★★ には、彼の遺品が納められている。正倉院

大人として知っておきたいレベル

☐ 11. 皇太子時代は 　　　　 と呼ばれた。　　　　　首親王

☐ 12.『 ✐ 　　 』は、正倉院にある彼が書いた書である。雑集

☐ 13. 正倉院には、彼の使用した ✐ 　　 というベッドがある。御床

こぼれ話

聖武天皇が愛用したベッドとベッドシーツが正倉院に残されています。ベッドはシングルサイズが二つだったのに対して、ベッドシーツは二人共用のものでした。「聖武天皇がどういう思いでベッドシーツをあえて一つにしたのだろう」と考えると、このようなちょっとした事柄も歴史に興味を持つ入り口となります。

古代

道鏡 (？～772)

僧侶でありながら皇位に就こうとした男。かなりの性豪！？

学校で習ったレベル

☐ 1. ★★ 太上天皇の看病を行なったことをきっかけに寵愛を受けた。(上智)　　孝謙太上天皇

　➡この太上天皇の父は ★★ である。　　聖武天皇

　➡この太上天皇の母は ★★ である。　　光明皇后

☐ 2. 道鏡を除こうとして、★★ が反乱を起こしたが、敗死した。(立教)　　恵美押勝（藤原仲麻呂）

☐ 3. 孝謙太上天皇が再び即位し、★★★ 天皇となると、道鏡は重用された。(慶應)　　称徳天皇

☐ 4. 道鏡は、まず ★★ 、次に ★★ となった。　　太政大臣禅師、法王

☐ 5. ★★ の神託で皇位を狙おうとした。(東洋)　　宇佐八幡

　➡これを阻止したのが ★★ である。(東洋)　　和気清麻呂

☐ 6. 称徳天皇の死後、★★ に左遷された。(東京学芸大)　　下野薬師寺

大人として知っておきたいレベル

☐ 7. ＿＿＿＿＿〈旧国名〉で生まれた。　　河内

☐ 8. 「道鏡は　すわると 🖊 　が　三つでき」という江戸時代の川柳は、道鏡が巨根であったという伝説から生まれたものである。　　ひざ

☐ 9. 身体に比して生殖器の大きい 🖊 　という昆虫は、道鏡が巨根であるという伝説からこう名付けられた。　　ドウキョウオサムシ

こぼれ話

道鏡の巨根説は、平安時代に生まれたもので、同時代の史料にみられないので、根拠がありません。孝謙太上天皇に「天皇の位を譲っても良い」と思わせるほどの人だから、よほど巨根だったのではと当時の人が邪推したのかもしれません。

和気清麻呂 (733～799)
わ け の きよ ま ろ

道鏡の皇位阻止と平安京の遷都を命がけで行なった。

学校で習ったレベル

☐ 1. ★★★ が皇位に就こうとしたのを阻止した。

   ➡この際、★★ の神託を確認するため、派遣された。

   ➡この際、現在の ★★ 県に派遣された。

☐ 2. ★★★ に遷都するよう進言した。(早大)

☐ 3. 姉の ★ は、孤児の養育を行なった。(慶應)

☐ 4. 彼の子が設置した大学別曹は、★★ である。(関大)

※大学別曹：有力氏族が、一族の子弟のために設けた施設。大学での試験や講義を受けるための施設が整っていた。

道鏡	
宇佐八幡	
大分	
平安京	
和気広虫 わ け のひろむし	
弘文院	

大人として知っておきたいレベル

☐ 5. _____〈旧国名〉の出身である。

☐ 6. 道鏡の皇位を阻止した際、道鏡に「わけべの _____ まろ」と名付けられた。〈ひらがなで記入〉

☐ 7. 道鏡によって _____〈旧国名〉に流された。

☐ 8. _____ 神社に祀られている。

☐ 9. 護王神社・和気神社・御祖神社など和気清麻呂にゆかりの神社は、狛犬のかわりに狛 🐗 _____ が置かれている。

備前	
きたな ※1	
大隅国	
護王神社	
猪 ※2	

こぼれ話

※1「わけべのきたなまろ」は漢字で記すと「別部穢麻呂」となります。「穢」は穢（けがれ）という字で、別部という苗字も、当時の考え方では「一族から放す」という意味合いなので、道鏡の怒りがいかにヒステリックだったかということがわかります。

※2 なぜ、狛犬ではなく狛猪なのか。和気清麻呂は、急に歩けなくなりました。そこで八幡神さまにお祈りしようと向かったところ、300頭の猪が急に清麻呂の列を横切ったのです。すると、それを見た清麻呂は、なぜか急に歩けるようになったという話から和気氏にゆかりの神社には狛猪が置かれるようになったのです。

行基 _{ぎょう き} (668 ~ 749)

平城京の人口が10万人の時代、1万人も集めて布教した。

学校で習ったレベル

☐ 1. ☐☐☐☐ 宗の僧侶である。(上智)　　　　　　法相宗

☐ 2. 橋を架けたり、ため池を掘ったりと社会事業を多く行なっ

　　たため、★★ 令違反で弾圧を受けた。　　　　僧尼令

☐ 3. ★★★ 天皇の帰依を受けた。　　　　　　　　聖武天皇

☐ 4. 大仏造立に協力し、★★ の位に任じられた。　　大僧正

大人として知っておきたいレベル

☐ 5. ☐☐☐☐ に師事した。　　　　　　　　　　道昭

☐ 6. 宿泊施設である ☐☐☐☐ を設置した。　　　　布施屋

☐ 7. 生家の跡地は、現在 ✓ 寺となって、合格祈願の　　家原寺 _{え ばら じ} ※1

　　寺として有名である。

　　→この寺は、別名 ✓ 寺と呼ばれている。　　ハンカチ

☐ 8. 近鉄奈良駅前には行基の像があり、☐☐☐☐ と呼ばれ、　　行基広場

　　待ち合わせのメッカである。

こぼれ話

行基は、貧民救済をはじめとして、橋を架けたり、貯水池を掘ったり、港の整備を行なったりと、様々な社会事業を行ないながら仏教の教えを人々に伝えました。しかし、この行基の行為を「怪しい新興宗教である」と指摘する人のせいで、行基は僧尼令違反で弾圧を受けることになります。しかし、行基の勢いは止まりません。最終的には、1万人を集めて布教したと『続日本紀』には書かれており、聖武天皇は、行基の民衆を動かす力に注目し、大仏造立や農地の開墾などに協力してもらうこととなったのです。
※1　家原寺は大阪府堺市にある寺院です。元々は参拝者が願いごとを本堂や柱に直接チョークで書いていたのですが、「これでは建物がボロボロになってしまう」ということで、ハンカチに書いて貼ることになり、現在ではお寺で販売しているハンカチに志望校を書くことになっています。

鑑真 (がん じん) (688 ~ 763)

日本の若き僧侶のため、失明しながらも来日し戒壇を設置。

学校で習ったレベル

□ 1. 日本における ★★ 宗の祖である。　　　　律宗

□ 2. 東大寺に ★★ を設けた。(成城)　　　　戒壇

□ 3. 戒律道場として ★★★ を建立した。(関学)　　唐招提寺 (とうしょうだい じ)

□ 4. 彼の死を惜しんだ弟子によって ★★ が造られた。　鑑真和上像

□ 5. 日本で書かれた彼の伝記に『 ★ 』がある。(上智)　唐大和上東征伝 (とうだい わ じょうとうせいでん)

　➡この伝記の著者は ★ である。(関大)　　淡海三船 (おうみの み ふね)

□ 6. 唐招提寺の ★ は、平城宮の朝集殿を移築したも　講堂
　ので、平城宮の建築物で現存する唯一のものである。

大人として知っておきたいレベル

□ 7. 日本の学問僧 ☐☐☐☐ と ☐☐☐☐ の要請で来日を決意　栄叡、普照 (ようえい)
　した。

□ 8. 日本への渡航に ☐☐☐ 度失敗した。　　　　5

□ 9. ✔ 度目の渡航の際、失明した。　　　　5

□ 10. 最初の渡航計画から実現するまでに、およそ ✔ 　10
　年あまりの歳月を要した。

□ 11. 後に ☐☐☐☐ の称号が贈られた。　　　　大和上

こぼれ話

鑑真が日本に来た執念もすごいのですが、鑑真を日本に招くために10年以上も交渉した栄叡と普照もすごいです。鑑真は中国にとってはVIPクラスの人間なので、中国もなかなか鑑真を手放そうとはしませんでした。鑑真来日は奇跡的な出来事なのです。戒壇とは、僧侶に戒律を授ける儀式を行なう場所のことです。この儀式を授戒といいます。当時、日本に戒壇がなかったので、鑑真は戒壇を設置するため来日したのです。戒壇は、鑑真ほどの高僧でないと設置することはできませんでした。鑑真のおかげで、遣唐使で危険を冒さなくても授戒できるようになりました。

大伴家持 <ruby>大<rt>おお</rt></ruby><ruby>伴<rt>とも</rt></ruby><ruby>家<rt>やか</rt></ruby><ruby>持<rt>もち</rt></ruby> (718 ? ～ 785)

『万葉集』を代表する歌人。「令和」の元号は父の歌が由来。

学校で習ったレベル

☐ 1. 『 ★★★ 』の編纂者の一人で、収録する歌の数が最も多い歌人でもある。(成城) | 万葉集

☐ 2. 父は ★ である。(専修) | 大伴旅人 <small>おおとものたびと</small>

➡父は、九州で ★ を鎮圧した人物である。 | 隼人

☐ 3. 『万葉集』は、およそ ★ 首の歌が収められている。 | 4500

☐ 4. 『万葉集』では、 ★★ と呼ばれる独特のかな文字が用いられている。(同志社) | 万葉がな

大人として知っておきたいレベル

☐ 5. 「令和」の元号は、「初春の [　　] にして、気淑く [　　] らぎ」から採られた。 | 令月 / 風和

☐ 6. 「令和」の元号は、 [　　] 邸で行なわれた宴会をつづった序文から採用された。 | 大伴旅人

➡この宴を [　　] の宴という | 梅花の宴

➡この宴は [　　] で行なわれた。 | 大宰府

☐ 7. 『万葉集』に収められている家持の歌の数は [　　] 首である。 | 473

☐ 8. [　　] 歌仙の一人である。 | 三十六

こぼれ話

大伴氏は、元々は「お供」をする豪族、つまり、軍事で仕える豪族でした。父の大伴旅人は、九州南部の隼人と呼ばれる人々を制圧した人物でもあります。その後、旅人の大宰府赴任中に、「令和」の選定元となる序文が記されるのです。武力にも和歌にも優れ、まさに文武両道を地で行く人物で、新しい元号の元になった人物として相応しいといえます。

桓武天皇 _{（かん む）}(737-806　在位 781-806)

1000 年の都を始めた天皇。

学校で習ったレベル

☐ 1. 父は、 ★ 天皇である。(同志社)

　　➡父は ★ 天皇の孫である。(実践女子)

☐ 2. 母は、渡来人系の □□□ である。(早大)

☐ 3. 784（延暦 3）年、都を山城国 ★★★ に遷した。

　　➡この遷都に反対する人たちが ★★ を暗殺した。

　　➡この事件の結果、皇太子であった彼の弟 ★★ は、

　　淡路に流され、その地で亡くなった。(京大)

☐ 4. ★★★ を征夷大将軍として蝦夷地に派遣した。

☐ 5. 794（延暦 13）年、都を山城国 ★★★ に遷した。

☐ 6. 国司の不正を取り締まるため ★★★ を設置した。

☐ 7. 地方の警備を強化するため、★★★ 制を採用した。

☐ 8. ★★ の意見を採用して、蝦夷の平定と平安京の造営

　　を中止した。(上智)

大人として知っておきたいレベル

☐ 9. 第 □□□ 代目の天皇である。

☐ 10. 2001（平成 13）年、「桓武天皇の生母は百済の □□□

　　の子孫である」と、時の天皇が発言した。

光仁天皇
天智天皇
高野新笠 _{（たか の にい がさ）}
長岡京
藤原種継
早良親王
坂上田村麻呂
平安京
勘解由使 _{（か げ ゆ し）}
健児 _{（こん でい）}
藤原緒嗣 _{（ふじわらの お つぐ）}
50
武寧王 _{（ム リョンワン）}

こぼれ話

設問 10 の発言は韓国では大きなニュースになりました。これは天皇家が朝鮮系であるということを意味しているのではなく、「日本と朝鮮半島は深いゆかりがあるので共に友好関係を続けていくべきである」という天皇の祈りの気持ちから出てきたと考えられます。ちなみに武寧王の子の聖明王は日本に仏教を伝えました。

坂上田村麻呂 さかのうえのたむらまろ（758～811）

初の征夷大将軍として、東北で大活躍した。

学校で習ったレベル

□ 1. 797（延暦16）年、 ★★★ に任じられた。（東京学芸）

　　➡この役職に任じたのは、 ★★★ 天皇である。

□ 2. 802（延暦21）年、蝦夷の族長である ★★ を服属

　　させた。（慶應）

□ 3. 802（延暦21）年、陸奥に ★★★ 〈城の名〉を築いた。

　　➡多賀城にあった ★★ を、ここに移した。

□ 4. 803（延暦22）年には、前線基地として ★★ 〈城の

　　名〉を築いた。（法政）

□ 5. 嵯峨天皇の頃、 ★ を最後に、征夷大将軍は廃絶

　　した。（慶應）

征夷大将軍
桓武天皇
阿弖流為 アテルイ
胆沢城 いさわじょう
鎮守府
志波城
文室綿麻呂 ふんやのわたまろ 「室」を「屋」と間違えないこと

大人として知っておきたいレベル

□ 6. 京都の ☐ 寺を建立した。

□ 7. 平安時代を通じて、武のシンボルとされた。文のシンボ

　　ルは ☐ である。

□ 8. 渡来人系の ☐ の子孫である。

　　➡ ☐ 氏の家系である。

□ 9. 紙ふうせんの「 ✔ ☐ 」という歌の替え歌の最初のフ

　　レーズは「坂上田村麻呂」である。

清水寺
菅原道真
阿知使主 あちのおみ
東漢氏 やまとのあやうじ
冬が来る前に

こぼれ話

坂上田村麻呂の祖先である東漢氏は、百済からやってきた阿知使主の子孫の家系です。東漢氏は、文筆で大和朝廷に仕えた氏族です。東漢氏には、蘇我馬子の指示で崇峻天皇を暗殺したとされる東漢直駒もいます。

空海 (774〜835)
くう かい

真言宗の開祖。書にも漢詩にも秀でたスーパーマン。

学校で習ったレベル

☐ 1. ┃ ★ ┃ の生まれである。　　　　　　　　　　讃岐

☐ 2. ┃ ★★★ ┃ となり中国に留学した。　　　　　　遣唐使

☐ 3. 日本における ┃ ★★★ ┃ 宗の開祖である。(明治)　真言宗

☐ 4. ┃ ★★★ ┃ 大師と呼ばれる。　　　　　　　　　弘法大師

☐ 5. ┃ ★★★ ┃ 山に ┃　　　┃ という寺を開いた。　高野山、金剛峰寺

☐ 6. 天皇より京都に ┃ ★★★ ┃ 寺を与えられた。(慶應)　教王護国寺 (東寺)

　　➡その天皇は ┃ ★★ ┃ 天皇である。(関学)　　　嵯峨天皇

☐ 7. 唐風の書道の名手である ┃ ★★★ ┃ の一人である。　三筆
　　　　　　　　　　　　　　　　　　　　　　　　　　　　さんぴつ

　　➡残りの二人は ┃ ★★★ ┃ ・ ┃ ★★★ ┃ である。(学習院)　橘逸勢・嵯峨天皇

　　➡空海の代表的な書に ┃ ★ ┃ がある。(同志社)　風信帖
　　　　　　　　　　　　　　　　　　　　　　　　　　ふうしんじょう

☐ 8. 『 ┃ ★★ ┃ 』は、彼の漢詩集である。(専修)　性 霊 集
　　　　　　　　　　　　　　　　　　　　　　　　しょうりょうしゅう

☐ 9. 庶民教育のため ┃ ★★★ ┃ を開いた。(駒沢)　綜芸種智院
　　　　　　　　　　　　　　　　　　　　　　　　しゅげいしゅ ち いん

☐ 10.『 ┃ ★ ┃ 』を著し、儒教・仏教・道教のうち、仏教が　三教指帰
　　　一番優れていると説いた。(関大)　　　　　　さんごうしいき

☐ 11.『 ┃ ★ ┃ 』は、空海編著の漢詩の評論集である。　文鏡秘府論

大人として知っておきたいレベル

☐ 12. 弘法大師の号は ┃ ？ ┃ が与えた。　　　　　醍醐天皇

☐ 13. 讃岐に ┃　　　┃ 池を築いた。　　　　　　　満濃池

☐ 14. 「弘法 ┃　　　┃ 」、「弘法 ┃　　　┃ 」 という二つのことわ　弘法にも筆の誤り
　　　ざがある。　　　　　　　　　　　　　　　　弘法筆を選ばず

☐ 15. 空海が高野山に隠れてから 50 年ごとに行なわれる法要

　　　を「 ┃　　　┃ 」法要という。　　　　　　　御遠忌

　　➡次回は ┃ ？ ┃ 年である。　　　　　　　　　2034

最澄 <ruby>最<rt>さい</rt></ruby><ruby>澄<rt>ちょう</rt></ruby> (767 ～ 822)

日本における天台宗の開祖。

学校で習ったレベル

□ 1. ┌ ★ ┐ の生まれである。 　近江

□ 2. 日本における ┌ ★★★ ┐ 宗の開祖である。(津田塾) 　天台宗

□ 3. ┌ ★★★ ┐ 大師と呼ばれる。 　伝教大師

□ 4. ┌ ★★★ ┐ 山に ┌────┐ という寺を開いた。 　比叡山、延暦寺

□ 5. 延暦寺に ┌────┐ を設立するよう求め、彼の死後 7 日 　大乗戒壇
目に設立が許された。

　➡この設立を求めるため、天台宗僧侶の教育課程を定め
た『 ┌ ★ ┐ 』を著した。(同志社) 　<ruby>山<rt>さん</rt></ruby><ruby>家<rt>げ</rt></ruby><ruby>学<rt>がく</rt></ruby><ruby>生<rt>しょう</rt></ruby><ruby>式<rt>しき</rt></ruby>

　➡『 ┌ ★ ┐ 』は、最澄のこの動きに反発する人たちを 　<ruby>顕<rt>けん</rt></ruby><ruby>戒<rt>かい</rt></ruby><ruby>論<rt>ろん</rt></ruby>
論破するために書いた本である。(立命館)

□ 6. 最澄に師事した ┌ ★★ ┐ は、最後の遣唐使として唐に 　<ruby>円<rt>えん</rt></ruby><ruby>仁<rt>にん</rt></ruby>
渡った人物である。(早大)

大人として知っておきたいレベル

□ 7. 天台宗は、中国の ┌────┐ 山で大成された宗派である。 　天台山

□ 8. 伝教大師の号は ┌────┐ が与えた。 　清和天皇

※日本最初の大師号を賜った人物です。

□ 9. 788 (延暦 7) 年、後の延暦寺の ┌────┐ となる寺を 　根本中堂
建立した。

□ 10. 彼の理念は、 ┌────┐ 経の絶対平等を中軸としている。 　法華経

こぼれ話

最澄といえば頭に何かをかぶっている肖像画を思い浮かべると思います。あれは「<ruby>帽<rt>もう</rt></ruby>子」という、高位の僧にのみ天皇から許された頭巾のことで、最澄は日本で最初にこの帽子を許された僧侶です。

菅原道真 <ruby>菅<rt>すが</rt></ruby><ruby>原<rt>わらの</rt></ruby><ruby>道<rt>みち</rt></ruby><ruby>真<rt>ざね</rt></ruby> (845～903)

> 学問の神様。遣唐使を廃止。死後、怨霊として恐れられる。

学校で習ったレベル

□ 1. ★★ を世襲する家柄であった。 — 文章博士（もんじょうはかせ）

□ 2. ★★ 天皇に登用され、天皇の秘書官となった。 — 宇多天皇

　　➡このとき就いた役職は ★★ である。(駒沢) — 蔵人頭

□ 3. 894 (寛平 6) 年、 ★★★ の廃止を建議した。 — 遣唐使

□ 4. 醍醐天皇のもとで ★★ に昇進した。 — 右大臣

□ 5. 901 (昌泰 4) 年、 ★★★ に流された。 — 大宰府

　　➡このとき就いた役職は ★★ である。(慶應) — 大宰権帥

　　➡左大臣 ★★ が、彼を左遷に導いた。(明治) — 藤原時平

□ 6. 死後、御霊として ★★★ に祀られた。(学習院) — 北野天満宮

□ 7. 『 ★★ 』は、彼が編さんに加わった歴史書である。 — 日本三代実録

□ 8. 彼の著した『 ★★ 』は、『日本書紀』などを分類・編集したものである。(関大) — 類聚国史（るいじゅうこくし）

□ 9. 都にいた頃の漢詩集は『 ★★★ 』、大宰府に左遷された後の漢詩集は『 ★★★ 』である。 — 菅家文草（かんけぶんそう） / 菅家後集（かんけこうしゅう）

大人として知っておきたいレベル

□ 10. 菅原家の家紋には ▢ があしらわれている。 — 梅

□ 11. 天満宮の境内には多くの ▢ の像がある。 — 牛

□ 12. 彼が合格した ▢ という試験は、200 年間に 60 人ほどしか合格していない超難関試験である。 — 方略試

□ 13. ▢ と呼ばれ、歌舞伎の『菅原伝授手習鑑』では、その名で登場する。 — 菅丞相（かんしょうじょう）

□ 14. 学校制服業界第 1 位のブランドである ▢ は、菅原道真にちなんで名付けられた。 — カンコー学生服

平将門 たいらの まさ かど （ ? ～ 940 ）

関東を自らの帝国にしようとした男。

学校で習ったレベル

☐ 1. 曾祖父は ★★★ 天皇である。(日大)

桓武天皇

☐ 2. 祖父は ★ 、父は ___ である。(関学)

平高望、平良将

☐ 3. 935（承平5）年、所領争いで叔父の ★ を殺害した。(早大)

平国香

☐ 4. 下総国の ★ を拠点とした。

猿島

☐ 5. ★ ・ ★ ・ ★ の国府を占領した。(青学)

常陸・上野・下野

☐ 6. 自らを ★★★ と称した。(早大)

新皇

☐ 7. 平国香の子、 ★★ と押領使 ★★ に討たれた。

平貞盛、藤原秀郷

☐ 8. 『 ★★★ 』は平将門の乱を題材にした軍記物語である。

将門記

大人として知っておきたいレベル

☐ 9. 東京都千代田区大手町には平将門の ___ がある。

首塚

☐ 10. 2020年に発表された地価公示価格によると、平将門の首塚のある土地（およそ44坪）の価格はおよそ ___ 円である。

40億円

☐ 11. 藤原秀郷は、 ___ とも呼ばれ、近江三上山の大百足を退治した伝説がある。

俵藤太

こぼれ話

「平将門の首塚」の伝説について。平将門は討たれた後、その首級（討ち取られた首のこと）は平安京まで送られ、東の市、都大路で晒されます。しかし、3日目、その首が突然夜空に舞い上がり、故郷に向かって飛んでゆき、数カ所に落ちたのです。そのうちの1カ所が千代田区大手町にあります。首塚は、必ず「戻ってくる」ということで、旅行の無事などを祈る場所として今でも崇拝されているのです。

藤原純友 <ruby>藤<rt>ふじ</rt></ruby><ruby>原<rt>わら</rt></ruby><ruby>純<rt>の すみ</rt></ruby><ruby>友<rt>とも</rt></ruby> (?〜941)

貴族から海賊に！　瀬戸内海を荒らし回った男。

古代

学校で習ったレベル

☐ 1. 元々、 ★★ 国の国司だった。(早大) ── 伊予

☐ 2. 国司の中では、下から2番目の ☐ のランクだった。 ── <ruby>掾<rt>じょう</rt></ruby>

☐ 3. ★★ の海賊討伐に成果を出していたが、そのうち自 ── 瀬戸内海
らが ★★ の海賊の棟梁となった。 ── 瀬戸内海

☐ 4. ★ を拠点に海賊となった。(早大) ── 日振島

☐ 5. ★★ を焼討ちにした。 ── 大宰府

☐ 6. 追捕使 ★ と源氏の祖である ★★ に倒された。 ── 小野好古、源経基

☐ 7. 平将門の乱と藤原純友の乱を総称して ★★ の乱と ── <ruby>承平<rt>じょうへい</rt></ruby>・<ruby>天慶<rt>てんぎょう</rt></ruby>の乱
いう。(中央)

大人として知っておきたいレベル

☐ 8. ☐ 家は、愛媛県の出身で別子銅山の経営で財を ── 住友
成したこともあり、藤原純友の子孫といわれることがある
が、実際は、戦国武将「順美平内友定」の子孫である。

☐ 9. 平将門と藤原純友が、✎ で「同時に反乱を起こし ── 比叡山
て平安京を奪おう」と謀議したという伝説があるが、両
者とも地元から離れていないため、史実とはいいがたい。

こぼれ話

設問8と9は、時々聞く伝説ですが、いずれも史実とはいえません。しかしだからといっ
てこれらの話がデタラメだと片付けるのは早計です。江戸時代に幕府以外であれだけ
の大きな鉱山を開発したというのはものすごいことなので、「あの人はきっと藤原純友
の子孫に違いない」という伝説が生まれたわけですし、当時、承平・天慶の乱は人々
に大きな衝撃を与えたため「彼らは平安京を奪おうとした」といった伝説が生まれたわ
けです。

藤原道長 (966〜1027)

娘4人を天皇に嫁がせ、財も権力もすべてを手に入れた男。

学校で習ったレベル

□ 1. 父は ★★ である。

藤原兼家

□ 2. 甥の ★★ と政権を争い、勝利した。(学習院)

藤原伊周

□ 3. 995 (長徳元) 年に ★ となり、天皇の政務を代
行する立場に立った。

内覧

□ 4. 1016 (長和5) 年に ★ 、1017 (寛仁元) 年に
★ となったが、関白にはなっていない。(上智)

摂政

太政大臣

□ 5. 別名を ★★ という。(学習院)

御堂関白

□ 6. ★★ は、出家した後に建立した寺院である。(東洋)
➡この寺院の阿弥陀堂は、元々 と呼ばれていた。

法成寺

無量寿院

□ 7. ★ を一条天皇の后とした。(学習院)

彰子

□ 8. ★ を三条天皇の后とした。

妍子

□ 9. ★ を後一条天皇の后とした。

威子

□ 10. ★ を後朱雀天皇の后とした。

嬉子

□ 11. 「この世をばわが世とぞ思ふ ★★ の欠けたることも
なしと思へば」という歌を詠んだ。

望月

➡この歌は、 ★★ の日記に収録されている。(國學院)

藤原実資

➡その日記を『 ★★ 』という。(國學院)

小右記

➡この歌は西暦 年に詠まれ、最近1000年目
を迎えた。

1018

□ 12. 道長の日記を『 ★★ 』という。(学習院)

御堂関白記

□ 13. 『 ★★★ 』は、彼を批判的に記述した平安末期の歴
史物語である。(中央)

大鏡

□ 14. 『 ★★★ 』は、彼を賛美した平安末期の歴史物語であ
る。(中央)

栄花物語

紫式部 むらさき しき ぶ （生没年不詳）

平安時代に世界的な文学作品『源氏物語』を書いた女性。

学校で習ったレベル

☐ 1. 物語文学、『 ★★★ 』の作者である。(日大)

源氏物語

☐ 2. 彼女の日記を『 ★★ 』という。

紫式部日記

☐ 3. 中宮 ★★ に仕えた。(学習院)

彰子

　➡この人物は、 ★★ 天皇の中宮である。

一条天皇

　➡この人物の父は、 ★★ である。

藤原道長

大人として知っておきたいレベル

☐ 4. 紫式部の「式部」は、父が ☐ の役人であったことに由来するといわれている。

式部省

☐ 5. 紫式部の紫は、『源氏物語』に登場する ☐ の上に由来する。

紫

☐ 6. 紫式部の娘は、三十六歌仙の一人で、百人一首にも歌がある ☐ である。

大弐三位 だいにのさんみ

　➡彼女の百人一首の歌は、「 ✎ 猪名のささ原風吹けば ✎ 忘れやはする」である。

有馬山

いでそよ人を

　意味 有馬山の近くの猪名にある、笹原の笹の葉がそよそよと音をたてる。まったく、そう、どうしてあなたのことを忘れたりするものですか。

☐ 7. 夏に淡紫色の花をつけ、秋に紫色の果実を実らせるシソ科の落葉低木を、紫式部にちなんで ☐ と名付けられている。

ムラサキシキブ

☐ 8. 父は ✎ である。

藤原為時

☐ 9. 夫の ✎ とは死別し、その後、『源氏物語』を書き始めた。

藤原宣孝

☐ 10. 彰子には、『 ✎ 』の講義を行なった。

白氏文集

清少納言 (生没年不詳)

せい しょう な ごん

紫式部の好敵手。和漢の才能に優れたが晩年は落ちぶれる。

学校で習ったレベル

□ 1. 随筆集『 ★★★ 』の作者である。(東洋)

□ 2. 皇后 ★★ に仕えた。(学習院)

➡ この人物は、 ★★ 天皇の皇后である。

➡ この人物の父は ★ である。

| 枕草子 |
| 定子 |
| 一条天皇 |
| 藤原道隆 |

大人として知っておきたいレベル

□ 3. 清少納言の「清」は、父の姓である に由来する。

➡ 父は である。

□ 4. 清少納言の「少納言」の由来は 。

□ 5. 父の清原元輔は、『 』の撰者である。

□ 6. 彼女の歌集を『 』という。

※ 42 首のみの小さな歌集

| 清原 |
| 清原元輔 |
| わかっていない |
| 後撰和歌集 |
| 清少納言集 |

こぼれ話

一般的に、「清少」「納言」と切って読むので、「清少」が苗字で「納言」が名前のように思えるかもしれませんが、実は「清」が苗字で、「少納言」は官職名です。父が清原氏の人間なので「清」という文字が最初に来るのです。

清少納言がなぜ「少納言」と呼ばれるのかはわかっていません。普通、女房と呼ばれる宮中の女性の場合、紫式部のように自分の父や夫の官職名を呼び名として用いるのですが、清少納言の周りで「少納言」に就任した者がいないのです。

紫式部が清少納言をこきおろした文章があります。現代語訳で紹介します。「清少納言っていう、得意顔で偉そうに振る舞っていた人がいたわよね。ずいぶん利口ぶって、得意げに漢字を書き散らしてるけど、間違いだらけだし。彼女みたいに、自分は他の人よりも特別優れてるんだって思い込みたい人は、必ず見劣りするし、将来悪いこととか起こるだろうし、なんでも風流ぶるから、つまらないときでも、大げさに感動してみせたりするから、自然と不誠実な態度になってしまうもの。そんな不誠実な人の行く末って、どうせろくなもんじゃないわ」。

第2章

中世

後三条天皇 (ご さん じょう) $\binom{1034 \sim 1073}{在位 1068 \sim 1072}$

藤原氏と真っ向から戦いに挑み、天皇親政を行なった。

学校で習ったレベル

☐ 1. 摂関家を ★★★ としない天皇である。 — 外戚

☐ 2. 父は [____] 天皇である。 — 後朱雀天皇

☐ 3. 母は、[____] 天皇の娘、[____] である。 — 三条天皇、禎子内親王

☐ 4. ★★★ と対立したため、23 年間皇太子のままであった。 — 藤原頼通

☐ 5. [____] 天皇が亡くなると天皇に即位した。 — 後冷泉天皇

☐ 6. 即位すると、天皇による ★★ を行なった。 — 親政

☐ 7. 1069 年、★★★ を発令し、荘園整理を行なった。 — 延久の荘園整理令

☐ 8. 荘園整理の実務を行なうため、★★★ を設置した。 — 記録荘園券契所

➡ 従来の荘園整理は ★★ が行なっていたため、不十分であった。(西南学院) — 国司

☐ 9. ★★ という公定の枡を定めた。(立命館) — 宣旨枡 (せん じ ます)

☐ 10. 学者の ★★ を登用して、摂関家を牽制した。(関大) — 大江匡房 (おおえのまさふさ)

☐ 11. 子の ★★★ 天皇に譲位した。(関大) — 白河天皇

➡ この人物は、子の堀河天皇に譲位し、★★★ を行なった。(岡山大) — 院政

こぼれ話

後三条天皇は、摂関家を外戚としない天皇です。外戚とは、母方の親戚のことです。摂関政治は、自分の娘を天皇に嫁がせて皇子を生ませ、その皇子を天皇に立てて、自らは摂政・関白になることで力を握る政治でした。そのため、男子が生まれないと、このシステムは破綻してしまうのです。

なお、荘園整理とは、違法に手に入れた荘園を停止することです。今までは、摂関家の荘園は見て見ぬふりをされましたが、延久の荘園整理令では摂関家の荘園も対象となりました。

源 義家 (1039 ～ 1106)
みなもとの よし いえ

八幡太郎。関東における源氏の地位を確立。

学校で習ったレベル

□ 1. 父は ★★★ である。(関学)　　源頼義

□ 2. 父とともに ★★★ に従軍し、安倍氏を破った。(明治)　　前九年の役

　　➡この戦いを描いた軍記物語を『 ★★★ 』という。　　陸奥話記

□ 3. 父が就任していた ★★ 守と ★ に就任した。　　陸奥守・鎮守府将軍

□ 4. ★★★ では、清原氏の内紛に介入した。(中央)　　後三年の役

　　➡この戦いで ★★★ の勝利に貢献した。(中央)　　藤原清衡

　　➡「 ★★ 」は、この戦いを描いた絵巻物である。　　後三年合戦絵巻

□ 5. 子の ★★ は出雲で反乱を起こした。(京大)　　源義親

　　➡この反乱を平定したのが ★★ である。　　平正盛

大人として知っておきたいレベル

□ 6. 別名を 　　　　 という。　　八幡太郎

　　➡この名は、　　　　 で元服したことに由来する。　　石清水八幡宮

□ 7. 清原氏を 　　　 柵で滅ぼした。　　金沢柵

□ 8. 私財を抛って 　　　 を与えたため、関東の武士の信　　恩賞

　　望を集めた。

□ 9. 白河天皇から 　　　 を許された。　　院の昇殿

こぼれ話

源義家は、戦前の教科書では英雄として描かれました。東北の反乱を平定し、白河上皇による院政を武士の立場で守り抜いたからです。戦前の教科書で華々しく描かれた人物は、戦後の歴史教育では重要な扱いを受けない傾向にあります。ただ、戦後の教科書で扱われなくなったといって、必ずしもその人物の功績がたいしたことがなかったというわけではないので、これらの人物についてはあらためて検証していく必要があると考えます。

平 清盛 たいらの きよ もり (1118 ～ 1181)

武士で初めて太政大臣まで上りつめた男。

学校で習ったレベル

☐ 1. 父は ★★ である。 — 平忠盛

➤ 父は ★★ の海賊の討伐で成果を上げた。 — 瀬戸内海

☐ 2. ★★★ の乱で、後白河天皇を勝利に導いた。 — 保元の乱

☐ 3. ★★★ の乱で院の近臣を倒し、平氏は権力を握った。 — 平治の乱

➤ この乱で倒した源氏は ★★★ である。(関大) — 源義朝

➤ この乱で源頼朝は ★★ に流された。 — 伊豆

☐ 4. 1167 (仁安2) 年、武士として初めて ★★★ となった。 — 太政大臣

☐ 5. 娘の ★★★ が、天皇のもとに嫁いだ。(防衛大) — 平徳子（建礼門院）

➤ この天皇は ★★ 天皇である。(青学) — 高倉天皇

➤ この娘が産んだ天皇は ★★★ 天皇である。(慶應) — 安徳天皇

☐ 6. 平家の興亡を記した『平家物語』は、★★ によって ★★ として語られた。(日大) — 琵琶法師 / 平曲

☐ 7. 日宋貿易を盛んにするため、★★★ という港を修築した。(慶應) — 大輪田泊

☐ 8. 航海の安全を祈って、安芸の ★★★ 〈神社名〉に多くの寄進を行なった。(関大) — 厳島神社

➤ この神社に納められた装飾経を ★★ という。(上智) — 平家納経 へいけ のうきょう

☐ 9. ★★ は、平清盛が、後白河法皇の命で建立した寺院である。(早大) — 蓮華王院 れんげ おういん

➤ 鎌倉時代に建立された、この寺の本堂を ★★ という。(関大) — 三十三間堂

源 義経 (1159 ~ 1189)
みなもとの よし つね

悲劇・薄命の武将。大活躍するも兄頼朝に追われ命を落とす。

中世

学校で習ったレベル

- □ 1. 父は ★★ である。 — 源義朝
- □ 2. 兄 ★★★ の挙兵に応じ、兄の ★★ とともに平氏打倒で活躍した。(成蹊) — 源頼朝、源範頼
- □ 3. 京都で ★★ を討った。 — 源義仲
- □ 4. 平氏を摂津の ★★ と讃岐の ★★ で破った。(甲南) — 一の谷、屋島
- □ 5. 平氏を長門の ★★ で滅ぼした。(早大) — 壇の浦

大人として知っておきたいレベル

- □ 6. 幼名を □ という。 — 牛若丸
- □ 7. □〈4文字〉義経という別名がある。 — 九郎判官
- □ 8. 弱者や薄幸の者に同情し味方する気持ちを、義経にちなんで □ という。 — 判官晶屓 (ほうがんびいき)
- □ 9. 11歳で □ に入り、後に陸奥の □ のもとに身を寄せた。 — 鞍馬寺、藤原秀衡
- □ 10. 頼朝との不和は、頼朝の許可なく □ 左衛門尉の任官を受けたからである。 — 検非違使
- □ 11. 藤原泰衡に襲われ □ の館で自刃した。 — 衣川
- □ 12. 妻は □ である。 — 郷御前
- □ 13. 妾に白拍子の □ がいる。 — 静御前
- □ 14. 母は □ である。 — 常盤御前
- □ 15. 大陸に渡り □ になったという伝説がある。 — チンギス＝ハン

こぼれ話

義経の別名である九郎判官は、設問10の検非違使左衛門尉という役職からきたものです。判官晶屓の判官は、九郎判官からきています。

藤原秀衡 <ruby>藤<rt>ふじ</rt></ruby><ruby>原<rt>わら</rt></ruby><ruby>秀<rt>ひで</rt></ruby><ruby>衡<rt>ひら</rt></ruby> （?〜1187）

義経を育てた奥州の覇者。ミイラとなり中尊寺に今も眠る。

学校で習ったレベル

□ 1. ★★★ 氏の３代目である。 奥州藤原氏

□ 2. 祖父は ★★★ である。(青学) 藤原清衡

□ 3. 祖父は ★★★ を建立した。(京都府立) 中尊寺金色堂

□ 4. 父は ★★ である。(青学) 藤原基衡

□ 5. 父は ★ を造営した。(立命館) 毛越寺<ruby>毛越寺<rt>もうつうじ</rt></ruby>

□ 6. 子の ★★ は、源頼朝に滅ぼされた。 藤原泰衡

□ 7. 宇治平等院を模して [　　] を建立した。(慶應) 無量光院

※この規模は宇治平等院鳳凰堂をしのぐものでした。

□ 8. 奥州藤原氏の政庁を [　　] という。 柳之御所

□ 9. 奥州藤原氏の経済基盤は、 ★★ ・[　　] ・毛皮である。 金、馬

大人として知っておきたいレベル

□ 10. 血液型は [　] 型である。 AB

□ 11. 平氏滅亡後、 [　　] をかくまった。 源義経

□ 12. 中尊寺金色堂の [　　] の下には、清衡・基衡・秀衡の遺体がミイラとなって眠っている。 須弥壇

□ 13. 彼の居館を [　] という。 <ruby>伽羅御所<rt>きゃらのごしょ</rt></ruby>

こぼれ話

奥州藤原氏の遺体はミイラの状態で今でも中尊寺金色堂に納められています。清衡の血液型は、遺骸を調査した結果から明らかになりました。身長159cm、頬骨の出た短めの顔で、鼻筋が通っており、痩せ型で、手は小さく華奢でした。晩年は半身不随になったと推定され、没年齢は歯の状態から70歳以上と判断されています。

源 頼朝 (1147 〜 1199)

みなもとの より とも

鎌倉幕府を開く。この肖像画は別人?!

学校で習ったレベル

☐ 1. 父は ★★★ である。 | 源義朝

☐ 2. 若い頃 ★★ に流された。 | 伊豆

➡ ★★ 〈戦乱名〉の結果、流された。(成蹊) | 平治の乱

☐ 3. 伊豆で挙兵した頼朝は、 ★ で敗北した。(同志社) | 石橋山の戦い

➡このとき頼朝を助けたのが ★ である。 | 梶原景時

☐ 4. 1180年、 ★ で平維盛軍に圧勝した。 | 富士川の戦い

☐ 5. 弟の ★★★ ・ ★★★ を派遣し平氏を滅ぼした。 | 源範頼・源義経

☐ 6. ★★★ 年、全国に守護・地頭を設置し、鎌倉幕府を | 1185
成立させた。(慶應)

☐ 7. 1190年、 ★★ に任じられた。(日大) | 右近衛大将

➡このことにちなんで ★★ と呼ばれる。 | 右大将

☐ 8. 1192年、 ★★★ に任じられた。 | 征夷大将軍

➡ ★★ 天皇が、頼朝をこの職に任じた。 | 後鳥羽天皇

大人として知っておきたいレベル

☐ 9. 源義朝の ▢▢▢ 男である。 ※意外と長男ではない! | 三

☐ 10. 頼朝が流された伊豆の場所は ▢▢▢ である。 | 蛭ヶ小島

☐ 11. 富士川の戦いで平維盛軍は、 ▢▢▢ の音に驚いて敗 | 水鳥の羽
走した。

☐ 12. 神護寺にある『源頼朝像』は、現在は ▢▢▢ と呼ば | 伝源頼朝像
れている。 ※右上の肖像画

☐ 13. 神護寺にある『源頼朝像』は、近年の研究で ▢▢▢ | 足利直義
の像であるとされている。

※この人物は、足利尊氏の弟です。

41

北条政子 _{ほう じょう まさ こ}（1157 ～ 1225）

頼朝の妻として鎌倉幕府最大のピンチを救った尼将軍。

学校で習ったレベル

☐ 1. 周囲の反対を押し切って伊豆の流人であった ★★★ の
妻となった。（同志社）　｜　源頼朝

☐ 2. 父は ★★★ である。（同志社）　｜　北条時政

➡父は 1203 年、初代 ★★★ に就任した。　｜　執権

☐ 3. 子は、2 代将軍の ★★★ と、3 代将軍の ★★★ で
ある。　｜　源頼家、源実朝

☐ 4. 子の源頼家は、伊豆の ★ に幽閉され亡くなった。　｜　修禅寺

☐ 5. 子の源実朝は、 ★ で暗殺された。（関大）　｜　鶴岡八幡宮

☐ 6. 子の源実朝の死後、京都から ★ を将軍に迎えて、
政子自ら政務を行なった。（法政）　｜　藤原（九条）頼経

☐ 7. 自ら政務を行なったので ★ と呼ばれた。　｜　尼将軍

☐ 8. ★★★ の際、御家人を説得する演説を行ない、戦い
を勝利に導いた。（高崎経済）　｜　承久の乱

大人として知っておきたいレベル

☐ 9. 父の北条時政は、伊豆の ☐ で、源頼朝の監視役
であった。　｜　在庁官人

☐ 10. 1979（昭和 54）年の大河ドラマ「 ☐ 」で主人
公となった。　｜　草燃える

➡このドラマは ☐ の小説を原作とする。　｜　永井路子

➡このドラマで北条政子を演じたのは ☐ である。　｜　岩下志麻

北条泰時 (1183 〜 1242)

ほう じょう やす とき

鎌倉幕府の基盤を整備、曲がったことが大嫌い。

学校で習ったレベル

□ 1. 父は 2 代執権 ★★★ である。(法政)　　　北条義時

□ 2. ★★ 〈戦乱名〉では、叔父の ★★ とともに京都に　承久の乱、北条時房
攻め上り、幕府を勝利に導いた。(関大)

　➡この戦乱の後、叔父の時房とともに ★★★ に就任し　六波羅探題
た。(早大)

□ 3. 父の死後、鎌倉幕府 ★★ 代 ★★★ となった。　　3、執権

□ 4. 執権の補佐役として ★★★ を設置した。(京大)　　連署

　➡この役職の初代には ★★ が就任した。(京大)　　　北条時房

□ 5. 有力御家人の合議機関として ★★★ を設置した。(関大)　評定

　➡この機関の構成員を ★★★ という。(関大)　　　　評定衆

□ 6. 1232 年、鎌倉幕府の基本法典である ★★★ を制定　御成敗式目
した。(関学)

　➡この法典は ★★ ヵ条からなる。(明治)　　　　　51

　➡この法典は頼朝以来の ★★ と、武家社会の　　　先例

　　★★ に基づいた内容となっている。(関大)　　　道理

大人として知っておきたいレベル

□ 7. ＿＿＿ の大飢饉の際、被害の激しかった地域の農民　寛喜の大飢饉
の年貢を免除した。

かん ぎ

□ 8. 裁判の際の口癖は ＿＿＿ で、曲がったことが大嫌い　道理
であった。

43

北条時宗 ほう じょう とき むね (1251 ～ 1284)

蒙古襲来を撃退するために生まれたような男。

学校で習ったレベル

☐ 1. 父は5代執権の ★★★ である。(学習院)　北条時頼

☐ 2. 2度にわたる ★★★ を退けた。　蒙古襲来（元寇）

☐ 3. この頃、モンゴル帝国の皇帝は ★★★ であった。　フビライ

☐ 4. モンゴル帝国は1271年、 ★★★ と国号を変え、都を　元

　　 ★★ （現在の北京）に置いた。(明治)　大都

☐ 5. 蒙古襲来に備えて、西国御家人に ★★★ という軍役　異国警固番役

　　を課した。(北大)

☐ 6. 1度目の蒙古襲来を ★★★ という。(明治)　文永の役

　　➡この襲来は ★ 年に起きた。　1274

☐ 7. 蒙古は ★ という火薬の武器を用いた。　てつはう

☐ 8. 1度目の蒙古襲来の後、博多湾に ★★ を築いたた　防塁（石塁）

　　め、2度目の襲来では蒙古の上陸を阻むことができた。

☐ 9. 2度目の蒙古襲来を ★★★ という。(明治)　弘安の役

　　➡この襲来は ★ 年に起きた。　1281

　　➡このとき蒙古は、 ★ 軍と ★ 軍の二手に分　東路、江南

　　かれて襲撃した。(立正)

☐ 10. 宋から ★★★ を招いた。(早大)　無学祖元 むがくそげん

　　➡この人物は、鎌倉に ★★★ を開山した。(早大)　円覚寺

大人として知っておきたいレベル

☐ 11. 通称を ☐ という。　相模太郎

☐ 12. 2001年の大河ドラマ「北条時宗」で、北条時宗を演じ

　　たのは ☐ である。　和泉元彌

栄西 <ruby>栄<rt>えい</rt></ruby><ruby>西<rt>さい</rt></ruby>(1141～1215)

臨済宗の開祖。日本に坐禅とお茶をもたらした。

学校で習ったレベル

☐ 1. 日本における ★★★ の開祖である。　臨済宗

☐ 2. ★★ で修行した。　比叡山

☐ 3. ★★★ に渡って、日本に臨済禅をもたらした。　宋

☐ 4. 京都に ★★ を建立した。(青学)　建<ruby>仁<rt>けんにん</rt></ruby><ruby>寺<rt>じ</rt></ruby>

　　➡この寺は京都五山の第 ★★ 位である。　3

☐ 5. 鎌倉に ★★ を建立した。(青学)　寿福寺

　　➡この寺は鎌倉五山の第 ★★ 位である。　3

☐ 6. 著書に禅宗の本質を説いた『 ★★ 』がある。　<ruby>興禅護国論<rt>こうぜん ご こくろん</rt></ruby>

☐ 7. 茶の栽培を行ない、薬効を説いた『 ★ 』を著し、　<ruby>喫茶養生記<rt>きっさ ようじょうき</rt></ruby>

　　 ★ に献上した。(関大)　源実朝

☐ 8. 臨済宗は、師僧から与えられる ★★ を解決すること　公案問答（禅問答）
で悟りに至る宗派である。(早大)

☐ 9. 曹洞宗の開祖である道元は、ただひたすら坐禅に打ち
込む ★★ を主張した。(埼玉大)　<ruby>只管打坐<rt>し かん だ ざ</rt></ruby>

大人として知っておきたいレベル

☐ 10. 字 (あざな) を ＿＿＿ という。　明庵

☐ 11. ＿＿＿〈旧国名〉の生まれである。　備中

☐ 12. ＿＿＿ の家に生まれた。　神社

☐ 13. 博多に ＿＿＿ を建立した。　聖福寺

☐ 14. 建仁寺は ＿＿＿ の援助で建立した。　源頼家

中世

親鸞 （しん らん） (1173 ～ 1262)

念仏を重視し、悪人正機を唱え、自ら肉食・妻帯を行なった。

学校で習ったレベル

☐ 1. 後に ★★★ の開祖とされる人物である。(青学) 　浄土真宗

☐ 2. 比叡山で学んだ後、 ★★★ の弟子となった。 　法然

　　➡承元の法難で ★ 〈旧国名〉に流された。(青学) 　越後

　　➡師匠の法然は ★ 〈旧国名〉に流された。(青学) 　土佐

☐ 3. 煩悩の深い人間こそ、阿弥陀仏の救いの対象であるとい

　　う ★★★ を説いた。(学習院) 　悪人正機

　　➡この教えは、 ★ の法語集である『 ★★ 』に 　唯円、歎異抄

　　記されている。(南山)

　　➡師匠の法然は、念仏を唱えれば極楽に往生できるとい

　　う ★★★ の教えを説いた。(埼玉大) 　専修念仏

☐ 4. 著書の『 ★★ 』は、他力の立場から浄土教の教理 　教行信証

　　を体系化したものである。(同志社)

☐ 5. 子孫は代々 ★★★ の門主を務めた。(青学) 　本願寺

大人として知っておきたいレベル

☐ 6. 法然の教えをさらに進めて 　　　 を説いた。 　絶対他力

☐ 7. 妻の名は 　　　 である。 　恵信尼

☐ 8. 越後に流されていた間、 　　　 ・妻帯を行なった。 　肉食

☐ 9. 父は皇太后宮の上位職にあった 　　　 といわれる。 　日野有範

☐ 10. 諡号を 　　　 という。 　見真大師（けんしんだいし）

☐ 11. 　　　 は、「襟巻の　あたたかそうな　黒坊主　こや 　一休宗純

　　つが法は　天下一なり」と親鸞の教えを絶賛した。

　　※ここで登場する「襟巻」とは、親鸞の有名な肖像画で首に巻かれてい

　　るものです。

日蓮 (1222 〜 1282)

にち　れん

徹底して他宗を批判し、国難を予測。日蓮宗の開祖。

学校で習ったレベル

☐ 1. ★★★ の開祖である。　日蓮宗（法華宗）

☐ 2. ★ 〈旧国名〉の生まれである。(上智)　安房

☐ 3. 仏法の神髄が ★★ 経にあると考えた。(上智)　法華経

☐ 4. ★★★ を唱えることを主張した。(日本大)　題目

　➡これは ★★ 〈7文字〉からなる。　南無妙法蓮華経

☐ 5. 幕府の執権に『 ★★★ 』を献上し、自国の反乱と他　立正安国論

　国からの侵略を予言した。(上智)

　➡当時の幕府の執権は ★★ である。(上智)　北条時頼

　➡この結果、 ★ 〈旧国名〉に流された。(上智)　伊豆

　➡ 14 年後の 1274 年に ★★ が起こった。　文永の役（蒙古襲来）

☐ 6. 赦された後、律宗を攻撃し、　〈旧国名〉に流された。　佐渡

☐ 7. 総本山は ★ である。(同志社)　久遠寺

大人として知っておきたいレベル

☐ 8. 　〈職業〉の家に生まれた。　漁師

☐ 9. 題目を唱えることを 　という。　唱題

☐ 10. 他宗批判をやめなかったため、 🔽 　で処刑されかけ　龍ノ口

　た。

☐ 11. 久遠寺は、 　山にある。　身延山

☐ 12. 諡号は 　である。　立正大師

こぼれ話

設問 10 は、佐渡への流罪が決定した日蓮が斬首されそうになったとき、彗星のような
ものが現れたため、驚いた人びとが斬首を中断したというエピソードです。

運慶 (？〜1223)

鎌倉仏師。東大寺南大門金剛力士像などが有名。

学校で習ったレベル

□ 1. ┌ ★ ┐派の代表的な仏師である。

慶派

□ 2. 興福寺を拠点に奈良で活躍した仏師を ┌ ★ ┐という。

奈良（南都）仏師

□ 3. 1180年に ┌ ★★ ┐が、東大寺・興福寺を焼いたので、

その復興で活躍した。(國學院)

平　重衡
<small>たいらのしげひら</small>

□ 4. 代表作に興福寺の ┌ ★★ ┐がある。

無著・世親像

□ 5. 代表作に東大寺の ┌ ★★★ ┐がある。(國學院)

南大門金剛力士像

➡この作品は、┌ ★★★ ┐との合作である。(國學院)

快慶

➡この作品の合作者は、┌　　　┐の弟子である。

康慶
<small>こうけい</small>

□ 6. 運慶の父は ┌　　　┐である。

康慶

□ 7. 快慶の代表作に東大寺の ┌ ★★ ┐がある。

僧形八幡神像

□ 8. 長男の ┌ ★ ┐は、三十三間堂の千手観音坐像を造立

した。(明治)

湛慶
<small>たんけい</small>

□ 9. 四男の ┌ ★ ┐は、空也上人像を造立した。(学習院)

康勝
<small>こうしょう</small>

大人として知っておきたいレベル

□ 10. 東大寺南大門では、向かって左側に ┌　　　┐、右側に

┌　　　┐の仁王が立っており、通常とは左右が逆である。

阿形
<small>あぎょう</small>

吽形
<small>うんぎょう</small>

□ 11. 東大寺南大門金剛力士像は、わずか ┌　　　┐日で完成

した。

69

□ 12. 2008年、クリスティーズのオークションで、運慶作の

大日如来像が ┌　　　┐円で落札された。

14億円

※ 60cm程度の仏像がこの価格で落札されたので、当時非常に話題に
なりました。

後醍醐天皇 $\left(\begin{smallmatrix}1288 \sim 1339 \\ \text{在位} 1318 \sim 1339\end{smallmatrix}\right)$

ご だい ご

隠岐に流されるも帰還、三種の神器を持って吉野にこもる。

学校で習ったレベル

- ☐ 1. ★★★ 統の天皇である。 大覚寺統

- ☐ 2. 父の ★ 上皇の院政を停止した。(成蹊) 後宇多上皇

- ☐ 3. ★★★ を再興し、天皇親政を行なった。(関大) 記録所

- ☐ 4. ★★★ の変、 ★★★ の変と2度の討幕計画を行なったが失敗した。(成城) 正中の変、元弘の変

- ☐ 5. 元弘の変後、 _____ に逃げるが捕らえられた。 笠置山

- ☐ 6. 元弘の変後、 ★★★ 〈旧国名〉に流された。(東海大) 隠岐

- ☐ 7. 元弘の変後、子の ★★ が討幕の令旨を出した。 護良親王
もりよし

- ☐ 8. 伯耆の豪族 ★ に助けられ挙兵した。(明治) 名和長年
な わ ながとし

- ☐ 9. 鎌倉幕府滅亡後、 ★★★ の新政を始めた。(京産) 建武の新政

- ☐ 10. 新政崩壊後、 ★★★ 〈地名〉に逃れた。(関大) 吉野

   ➡この地で ★★★ 朝を樹立した。 南

- ☐ 11. 死後、子の ★★ 天皇が即位した。(早大) 後村上天皇

   ➡この人物は ★ 親王として陸奥将軍府を統治した。 義良親王
のりよし

- ☐ 12. 子の ★ は、鎌倉将軍府を統治した。(明学) 成良親王
なりよし

- ☐ 13. 子の ★★ は、征西大将軍となり九州で力を持った。 懐良親王
かねよし

- ☐ 14. 冥福を祈るため、足利尊氏は ★★★ を建立した。 天龍寺

- ☐ 15. 『 ★★ 』という有職故実書を著した。(学習院) 建武年中行事

こぼれ話

後醍醐天皇が小舟で隠岐を脱出した際のエピソードです。追いかけてきた船が小舟を捜索しても後醍醐天皇の姿はどこにもありませんでした。このとき後醍醐天皇は、小舟に積まれていた山盛りのイカで自分の身を覆って隠れていたのです。天皇ともあろう者が、自らをイカで隠すわけがないと思う気持ちを逆手に取った脱出劇でした。

楠木正成 (1294 ? 〜 1336)
くすのきまさしげ

戦前は大英雄。今の教科書では軽く触れるだけ。

学校で習ったレベル

☐ 1. ⬚⬚⬚〈旧国名〉の豪族であった。 | 河内

☐ 2. 後醍醐天皇に呼応して、⬚⬚⬚城で挙兵した。 | 赤坂城

☐ 3. ⬚⬚⬚城で、幕府軍を引きつけ、幕府軍を翻弄した。 | 千早城

☐ 4. 建武政権に反した ★★ を九州に敗走させた。 | 足利尊氏

☐ 5. ★★ の戦いで足利尊氏に敗れ亡くなった。(関大) | 湊川

大人として知っておきたいレベル

☐ 6. その偉大な業績から ⬚⬚⬚ と呼ばれた。 | 大楠公 (だいなんこう)

☐ 7. 建武政権の樹立に貢献し ⬚⬚⬚ の国司と守護に就任した。 | 河内

　　➡ ⬚⬚⬚ の守護にもなった。 | 和泉

☐ 8. 湊川の戦いでは、弟の ⬚⬚⬚ とともに自害した。 | 楠木正季

☐ 9. 兵庫県の ⬚⬚⬚ 神社の主祭神である。 | 湊川神社

☐ 10. 死後、子の ⬚⬚⬚ が畿内の南朝軍の中心となった。 | 楠木正行

　　➡彼は、⬚⬚⬚ で高師直軍と戦って敗死した。 | 四条畷

　　➡彼は、⬚⬚⬚ と称された。 | 小楠公 (しょうなんこう)

☐ 11. アニメ映画「この世界の片隅に」では、楠木正成が考案したとされる ⬚⬚⬚ が登場する。 | 楠公飯 (なんこうめし)

こぼれ話

設問11以外は全て戦前の教科書に載っており、戦前の小学生なら全問正解できる内容です。「楠公飯」は、炒った玄米を3倍の水に一晩浸けて炊くと量をかさ増しすることができ、食糧事情の悪い終戦直前期に推奨されたものです。人々には美味しくないと不評だったようです。これを楠木正成が考案したというのはおそらく事実ではないですが、正成が千早城で100日間にわたる籠城戦を耐え抜いたことからこのようなエピソードが生まれたのでしょう。

新田義貞 (1301 ?～1338)

にった よし さだ

鎌倉幕府を滅ぼした建武政権の雄。

中世

学校で習ったレベル

☐ 1. ★★★ を攻め、幕府を滅ぼした。 — 鎌倉

☐ 2. 建武政権では ★ の頭人となった。(國學院) — 武者所

☐ 3. 建武政権に反旗を翻した ★★★ を九州に敗走させた。 — 足利尊氏

☐ 4. ★ の戦いで戦死した。 — 藤島

☐ 5. ★★ は、新田義貞の次男を滅ぼし、初代鎌倉公方となった。 — 足利基氏

大人として知っておきたいレベル

☐ 6. ⬜ 〈旧国名〉を拠点としていた。 — 上野

☐ 7. 新田氏は ⬜ の孫 ⬜ が、上野国新田荘に土着して生まれた。 — 源義家、源義重

☐ 8. 鎌倉攻めの際 ⬜ が、父足利尊氏の代理で参戦した。※彼が後の室町幕府2代将軍となります。 — 足利義詮 (よしあきら)

☐ 9. 建武政権では、⬜・⬜・⬜ の国司となった。 — 上野・越後・播磨

☐ 10. 後醍醐天皇の子の ⬜ 親王・⬜ 親王を奉じて越前で再起を図った。 — 恒良親王・尊良親王

➡越前の ⬜ 城で再起を図った。 — 金ヶ崎城

☐ 11. 子の ⬜ は、足利基氏に滅ぼされた。 — 新田義興 (よしおき)

こぼれ話

戦前の小学校の歴史の教科書には「新田義貞」という独立した項があるほどの人物でした。義貞は越前で再起を図りますが、子の義顕は金ヶ崎城で尊良親王とともに自害。義貞は藤島の戦いにわずか50騎で救援に向かいましたが、自らの馬が矢にあたって泥田の中に倒れ、その際、矢が額にあたって亡くなってしまいました。

51

北畠親房 (1293〜1354)
きた ばたけ ちか ふさ

後醍醐天皇の懐刀。後村上天皇を助け政権奪取を図る。

学校で習ったレベル

□ 1. 南朝の正当性を主張するため『　★★★　』という歴史書 ┃ 神皇正統記
を著した。(東京学芸大)

□ 2. この書は、　★★　論に基づいて南朝の正当性を主張し ┃ 大義名分論
ている。

□ 3. この書は　　　　〈旧国名〉の　　　　城で書かれた。 ┃ 常陸、小田

□ 4. この書は、　★　に献上された。(早大) ┃ 後村上天皇

□ 5.『　★　』という有職故実書を著した。(青学) ┃ 職原抄
しょくげんしょう

□ 6. 　★★　の創始した伊勢神道に影響を受けた。 ┃ 度会家行
わたらいいえゆき

大人として知っておきたいレベル

□ 7.『神皇正統記』は、「大日本は　　　　なり」という一 ┃ 神国
文で始まる。

□ 8.『神皇正統記』は、神代から　　　　天皇までの皇位 ┃ 後村上天皇
継承の経緯が述べられている。

□ 9.『職原抄』は、　　　　に献上された。 ┃ 後村上天皇

□ 10. 伊勢神道の書である『　　　　』を著した。 ┃ 元元集
げんげんしゅう

□ 11. 奈良県の　　　　〈地名〉で亡くなった。 ┃ 賀名生
あのう

□ 12. 子の　　　　は観応の擾乱の際、一時、陸奥将軍府を ┃ 北畠顕信
回復させた。 ┃ あきのぶ

こぼれ話

北畠親房は、子の顕家が亡くなった後、後醍醐天皇の命で義良親王とともに東北で
再起を図るため海路で陸奥に向かいます。しかし、途中で船が遭難。義良親王は伊
勢に戻され、親房は常陸国に流れ着きました。親房はこの漂流の地で、周囲を敵に
囲まれながらあの『神皇正統記』を著し、南朝の正当性を主張したのです。

北畠顕家 (1318〜1338)

きた　ばたけ　あき　いえ

イケメン武将。足利尊氏を最後まで翻弄し、20歳で逝去。

学校で習ったレベル

☐ 1. 義良親王とともに ［ ★ ］ で奥州の統治にあたった。　陸奥将軍府

　➡義良親王は、後の ［ ★ ］ 天皇である。　後村上天皇

大人として知っておきたいレベル

☐ 2. 父は ［　　　　］ である。　北畠親房

☐ 3. ［　　　　］ 守と ［　　　　］ を兼務した。　陸奥守、鎮守府将軍

☐ 4. 後醍醐天皇が吉野に落ちた翌年、［　　　　］ 親王を奉じ　義良親王

　て各地で転戦した。　のりよし

☐ 5. 最後の出陣に際して、☑［　　］ か条からなる ☑［　　］ を　7、諫奏

　後醍醐天皇に呈した。

☐ 6. 和泉の ［　　　　］ で戦死した。　石津

☐ 7. ［　　　　］ 歳で亡くなった。　20

こぼれ話

北畠顕家イケメン説を裏付ける当時の史料は『舞御覧記』です。ここには、顕家の容姿について「形もいたいけしてけなりげに見え給に。此道（＝舞）にさへ達し給へる。」とあり、現代風に表現すると「幼さの残る可愛い顔立ちでありながら、すっきりとした風格で、ダンスもキレッキレで、メチャウマイ」となります。

北畠顕家の諫奏文は、顕家が石津で敗れて戦死する1週間前に書かれたものです。美文としても有名で、後醍醐天皇に堂々と申し立てている点においても見事な内容です。具体的には、1. 諸国の税を免じ、倹約を重視すべきである。2. 官職や爵位の登用を慎重に行なうべきである。3. 武士から没収した土地は武士に与えるべきである。4. 臨時の行幸や宴会を慎むべきである。5. 法令は慎重に出すべきである。6. 政道の益なき輩を排除すべきこと。もし顕家がもう少し早く生まれていて建武の新政に参加していればと思わせる文章です。

53

足利尊氏 (1305 ～ 1358)

あし　かが　たか　うじ

室町幕府初代将軍、あの肖像画は別人？

学校で習ったレベル

☐ 1. ★★★ を攻め、鎌倉幕府を滅ぼした。　　　　　　　　　　　　六波羅探題

　　➡当時の名は足利 ★★ である。(同志社女子)　　　　　　　　　高氏

☐ 2. 1336 年、 ★★★ 天皇を擁立した。(防衛大)　　　　　　　　　光明天皇

☐ 3. 室町幕府の基本方針である ★★★ を制定した。　　　　　　　建武式目

☐ 4. 弟の ★★★ と二頭政治を行なった。(成城)　　　　　　　　　足利直義

☐ 5. 晩年、執事の ★★★ を登用した。(成城)　　　　　　　　　　高師直

☐ 6. ★★ 氏は、尊氏の離反に協力したため、播磨の守　　　　　　赤松
　　　護となり、強大化した。

大人として知っておきたいレベル

☐ 7. 後醍醐天皇の諱 〔　　　〕から1字賜った。　　　　　　　　　尊治

☐ 8. 足利氏の家紋は 〔　　　〕である。　　　　　　　　　　　　　足利二つ引

☐ 9. 「足利尊氏像」とされていた絵には、〔　　　〕の家紋が　　　　輪違紋
　　　描かれている。

☐ 10. 「足利尊氏像」は、〔　　　〕を描いたものではないかと　　　高師直
　　　いわれている。

☐ 11. 藤原隆信が描いた 〔　　　〕像が足利尊氏ではないかと　　　平重盛
　　　いわれている。

　　　➡この像は 〔　　　〕に収められている。　　　　　　　　　神護寺

☐ 12. 足利尊氏の妻の登子は、鎌倉幕府最後の執権 〔　　　〕　　　北条守時
　　　の妹である。

足利義満 (1358～1408)

あし かが よし みつ

室町幕府3代将軍。南北朝を合一し太政大臣に。金閣を創建。

中世

学校で習ったレベル

☐ 1. 祖父は ★★ 、父は2代将軍 ★ である。　足利尊氏、足利義詮

☐ 2. 京都の ★★ 〈地名〉に ★★ を造営したので、この時代を室町時代という。(南山)　室町、花の御所

☐ 3. 管領の ★ が補佐した。(早大)　細川頼之 (よりゆき)

☐ 4. ★★ 年に南北朝の合一を実現した。(神奈川大)　1392

　➡このとき、★★★ 天皇が ★★★ 天皇に譲位する形で南北朝合一は実現した。(日大)　後亀山天皇、後小松天皇

☐ 5. 将軍職を辞し ★★★ に就任した。(同大)　太政大臣

☐ 6. 美濃の ★ を倒した。(早大)　土岐康行 (とき やすゆき)

☐ 7. 11カ国の守護を兼任した ★★ を倒した。(駒沢)　山名氏清 (やまな うじきよ)

　➡この人物は ★ と呼ばれた。(中央)　六分一殿 (衆)

☐ 8. 6カ国の守護を兼任した ★★ を倒した。(早大)　大内義弘

　➡この人物は ★ 〈地名〉で反乱を起こした。(中央)　堺

　➡関東管領の □ と反乱を起こした。(中央)　足利満兼 (みつかね)

☐ 9. 明の皇帝から ★ と呼ばれた。　日本国王源道義

☐ 10. 日明貿易は、★★★ 貿易ともいう。(関大)　勘合貿易

☐ 11. 別名を □ 殿という。(京大)　北山殿

☐ 12. 金閣は ★★ 寺にある。(國學院)　鹿苑寺 (ろくおんじ)

☐ 13. ★★★ 文化の中心人物である。(京大)　北山文化

☐ 14. 京都五山の ★★ を創建した。(慶應)　相国寺 (しょうこくじ)

55

足利義政 (1436～1490)

室町幕府8代将軍。応仁の乱を招く。銀閣を創建。

学校で習ったレベル

☐ 1. 父は6代将軍 ★★★ である。 | 足利義教

☐ 2. 妻は ★★★ である。(青学) | 日野富子

☐ 3. 弟の ★★★ を後継者にするため養子としたが、翌年 | 足利義視
実子の ★★★ が生まれた。(同志社) | 足利義尚

   ➡将軍継嗣争いが ★★★ の乱の契機となった。 | 応仁の乱

   ➡この争いは、★★★ ・ ★ の乱ともいう。 | 応仁・文明

   ➡この戦いは ★★ 年に始まり、 ★ 年に終結した。(青学) | 1467、1477

☐ 4. 別名を ★ 殿という。 | 東山

☐ 5. ★★★ 文化の中心人物である。 | 東山文化

☐ 6. 銀閣は ★★ 寺にある。(明治) | 慈照寺

   ➡この寺の持仏堂である ★★ には ★★ という | 東求堂、同仁斎
4畳半の書斎がある。(青学)

☐ 7. ★★ を天下第一の作庭師と称えた。(明治) | 善阿弥

☐ 8. 義政に仕えた ★ は立花の創立に貢献した。 | 立阿弥

☐ 9. 義政に仕えた ★ は金工の祖となった。(慶應) | 後藤祐乗

大人として知っておきたいレベル

☐ 10. ＿＿＿＿に、弟義視の後見を託した。 | 細川勝元

☐ 11. ＿＿＿＿を支持し、斯波氏の家督を継がせた。 | 斯波義廉

☐ 12. 銀閣に造らせた庭園を ＿＿＿＿という。 | 慈照寺庭園

日野富子 (1440 ～ 1496)

ひ の とみ こ

足利義政の妻。子を将軍に就かせ、関所や高利貸しで大儲け。

中世

学校で習ったレベル

☐ 1. 夫は将軍 ★★★ である。(青学)　　　　　　　足利義政

☐ 2. 子の ★★★ を将軍に就けようとしたことが ★★★ の　足利義尚、応仁の乱

乱の一因となった。(和歌山大)

➡養子の ★★★ と争った。(青学)　　　　　　　　足利義視
よしみ

➡ ★★ と手を組んで義尚を将軍に立てようとした。　山名宗全

☐ 3. 後醍醐天皇の近臣で、正中の変で流された ★★ の　日野資朝
ひ の すけとも

同族の子孫である。

大人として知っておきたいレベル

☐ 4. ☐☐☐☐ を乱立して課税した。　　　　　　　　　関所

☐ 5. 守護に ☐☐☐☐ を行ない大儲けした。　　　　　　高利貸し

☐ 6. 鎌倉時代の宗教家 ☐☐☐☐ は同族である。　　　　親鸞

➡この人物の父は ✎ ☐☐☐☐ である。　　　　　日野有範

☐ 7. 足利義満の妻 ✎ ☐☐☐☐ は日野富子と同族である。　康子

☐ 8. 日野氏の家紋は ✎ ☐☐☐☐ である。　　　　　　鶴丸

☐ 9. 京都の日野に建立した ☐☐☐☐ を中心に一門は団結し　法界寺

た。

➡この寺の ☐☐☐☐ 堂は、院政期を代表する浄土教建　法界寺阿弥陀堂

築である。

こぼれ話

日野富子というと悪女のイメージが強いかもしれませんが、夫の側室を追放すること
は現在の感覚では納得できますし、応仁の乱でも自分の息子を将軍にしたいという一
心で動いたわけなので一応理解できます。米の買い占めで大儲けしたのも芸術肌でお
金に無頓着であった夫を支えるためという解釈もあり、実はそんなに悪女ではなかっ
たという考え方もあります。

山名宗全 (1404 ～ 1473)

応仁の乱で細川勝元と対立。戦国時代のきっかけをつくった。

学校で習ったレベル

□ 1. 名を山名 ★★★ という（宗全は法名）。 — 持豊

□ 2. 将軍 ★★★ を暗殺した ★★★ を討伐した。 — 足利義教、赤松満祐

□ 3. ★★ 氏・ ★★ 氏の家督争いに介入した。 — 畠山・斯波

   ➡この結果、 ★★★ と対立したことが、 ★★★ の乱 — 細川勝元、応仁の乱
を引き起こした。(青学)

   ➡畠山氏の家督争いでは ★ を支持した。(日大) — 畠山義就

   ➡斯波氏の家督争いでは ★ を支持した。(日大) — 斯波義廉 (し ば よしかど)

□ 4. 日野富子に ★★★ を託され、応仁の乱を起こした。 — 足利義尚

□ 5. 応仁の乱では ★★★ 軍の主将であった。 — 西軍

□ 6. 後に、足利義政と対立した足利 ★★★ と結んだ。 — 足利義視

大人として知っておきたいレベル

□ 7. 家紋は [   ] や糸輪二ツ引両を用いた。 — 五七桐七葉根笹

□ 8. 赤松満祐を討伐した功績で一族は [   ] カ国の守護 — 9
となった。

   ➡山名氏は、山名氏清が反乱を起こしたため、 [   ] — 3
カ国の守護となっていた。

□ 9. 足利義視の子は 10 代将軍 [   ] である。 — 足利義稙 (よしたね)

こぼれ話

1994 年に放映された大河ドラマ「花の乱」は、大河ドラマにしては珍しく室町時代を
扱ったものでした。主人公の日野富子を三田佳子、山名宗全を萬屋錦之介、宗全の
宿敵である細川勝元を野村萬斎が演じました。しかし大河ドラマとしての視聴率は悪
く、その後は室町時代を題材とした大河ドラマは作られませんでした。それでも平均
視聴率は 14.1％もありました。

細川勝元 (1430～1473)
ほそ かわ かつ もと

山名宗全と権力を二分、応仁の乱の原因をつくる。

学校で習ったレベル

□ 1. 室町幕府の重職である ★★★ に３度任じられた。　管領

➡この職は、細川・ ★★★ ・ ★★★ の３氏が任じら　畠山・斯波
れた。(首都大)

➡この職に任じられたのは、３氏が ★ 氏の一族　足利
だからである。

□ 2. ★★ 氏・ ★★ 氏の家督争いに介入した。　畠山・斯波

➡この結果、 ★★★ と対立したことで、 ★★★ の乱　山名宗全、応仁の乱
を引き起こした。(青学)

➡畠山氏の家督争いでは ★ を支持した。(日大)　畠山政長

➡斯波氏の家督争いでは ★ を支持した。(日大)　斯波義敏
しば よしとし

□ 3. 応仁の乱では ★★★ 軍の主将であった。　東

□ 4. 最初、足利 ★★★ が頼ってきた。　足利義視

大人として知っておきたいレベル

□ 5. 　　　　　の娘を正室に迎え、畠山氏と対抗しようとした。　山名宗全

□ 6. 京都に 　　　　　・龍興寺を創建した。　龍安寺

➡この寺の 　　　　　は枯山水の代表的な庭園である。　石庭

□ 7. 足利一門の共通の家紋である 　　　　　・ 　　　　　を用　二つ引両・五七桐
いた。

□ 8. 美食家として有名で 　　　　　の産地を言い当てたといわ　鯉
れている。

中世

後奈良天皇 (1496〜1557 在位 1526〜1557)

教科書に載せたい！ 今上天皇も尊敬する慈悲の天皇。

教科書に載っていません。

大人として知っておきたいレベル

□ 1. 財政が逼迫していたため天皇になってから ☐ 年も
　　即位できなかった。 ... 10

□ 2. 名筆として知られ、『 ☐ 』という日記を残している。 ... 天聴集

□ 3. ☐ の書を売って生活の足しにしていた。 ... 宸筆（天皇直筆の書）

□ 4. ☐ が左近衛大将の職と引き換えに銭 1 万疋を献
　　金しようとしたのを断った。 ... 一条 房冬（いちじょうふさふゆ）

□ 5. 即位式の献金を行なった ☐ が任官を願い出たの
　　を拒否した (翌年、周囲の説得で認めた)。 ... 大内義隆

□ 6. 2007 (平成 19) 年、当時の皇太子殿下は、後奈良天
　　皇の書いた『 ☐ 』の奥書の言葉に、国民に寄り
　　添う模範であると賞賛した。 ... 般若心経

　　➡皇太子殿下は、奥書の「私は民の ☐ として、
　　☐ を行き渡らせることができず、心を痛めている」
　　に心を揺さぶられたと述べられた。 ... 父母 ... 徳

こぼれ話

後奈良天皇は、飢饉や疫病に苦しむ国民のために、全国の寺社に自らの宸筆の般若心経を奉納しました。単に自分の宸筆を売ってお金を稼いでいたというわけではなく、あくまでも天皇の役割として国の平安を祈りながら、自らの力で宮廷費を賄っていたわけです。他の国の王族のように贅沢を極めるといった生活とは真逆の生活を送っていたのです。

世阿弥 _{ぜ あ み} (1363 ? ～ 1443 ?)

ものまね芸とさげすまれていた能を芸術の域に高めた。

学校で習ったレベル

☐ 1. 父は ★★★ である。(成城)

☐ 2. 父とともに ★★★ を大成した。

☐ 3. 将軍 ★★★ の支援を受けた。(成城)

☐ 4. 著書の『 ★★★ 』は、能楽の理論書である。(上智)

☐ 5. 自らの舞台経験を述べた著作に『 ★ 』がある。

☐ 6. 『 ★★ 』は、能楽に関する談話集である。

➡この書は _____ が筆録した。(上智)

☐ 7. ★★ 座に所属していた。(早大)

➡この座はもともと _____ と呼ばれていた。

➡これは ★★ と呼ばれる四座の一つである。

➡この座の本所は ★★ である。(明治)

☐ 8. 能の脚本を ★★ という。(東京女子)

大人として知っておきたいレベル

☐ 9. 二代目 _____ 〈漢字4字〉である。

☐ 10. 実名を _____ という。

☐ 11. _____ 〈旧国名〉で生まれた。

☐ 12. 代表的な能の作品を三つ挙げよ。

☐ 13. 田楽の ▼_____ ・ ▼_____ 、近江猿楽の ▼_____ らと

活躍した。

観阿弥

能

足利義満

風姿花伝

花鏡

申楽談儀 _{さるがくだん ぎ}

観世元能 _{かん ぜ もとよし}

観世座

結崎座

大和猿楽四座

興福寺

謡曲

観世太夫

元清

大和

老松、高砂、井筒、
砧、清経、実盛、
斑女など

喜阿弥・増阿弥、
犬王

中世

雪舟 (せっしゅう) (1420 ～ 1502)

水墨画の大成者。大内氏の城下町山口で独自の境地に至る。

学校で習ったレベル

- □ 1. 「★★★」の大成者である。 → 水墨画

- □ 2. 「★★」〈寺院名〉で、画を「★★」に学んだ。 → 相国寺、周文

- □ 3. 「★★★」〈国名〉に渡り水墨画を学んだ。 → 明

- □ 4. 四季の変化を描いた山水図に「★★」がある。 → 四季山水図巻
  - ➡この絵は「★」とも呼ばれる。 → 山水長巻

- □ 5. 「★★」は、秋・冬の2幅からの水墨画である。 → 秋冬山水図

- □ 6. 「★」は、京都にある名所を描いた。 → 天橋立図

大人として知っておきたいレベル

- □ 7. 諱を　　　　という。 → 等楊 (とうよう)

- □ 8. 　　　　〈旧国名〉で生まれた。 → 備中

- □ 9. 明からの帰国後、　　　　〈地名〉に住んだ。 → 山口
  - ➡彼のこの地における住居を　　　　という。 → 雲谷庵 (うんこくあん)

- □ 10. 山口にある　　　　寺の　　　　は、雪舟が作庭したと伝えられている。 → 常栄寺、雪舟庭

- □ 11. 弟子の　　　　は、東国で活躍し、「風濤図」などを残した。 → 雪村
  - ➡この人物は　　　　氏の一族である。 → 佐竹氏

- □ 12. 桃山時代の水墨画家　　　　は、雪舟の5代目の子孫であると自称している。 → 長谷川等伯

- □ 13. 子どもの頃、床に落ちた涙で描いた　　　　の絵がリアルすぎて生きているように見えた。 → ネズミ
  - ➡これを描いたとされる寺院が　　　　県の　　　　寺である。 → 岡山県、井山宝福寺

蓮如 <ruby>蓮<rt>れん</rt></ruby><ruby>如<rt>にょ</rt></ruby> (1415 ~ 1499)

苦難を乗り越え、浄土真宗の教えをわかりやすく広めた。

学校で習ったレベル

□ 1. ★★ 第 8 世宗主である。 　本願寺

□ 2. 越前に逃れ、 ★★ という道場を構えた。(西南学院) 　吉崎道場

□ 3. 布教のために ★★★ という手紙を書いて、浄土真宗 　御文<rt>おふみ</rt>
の教えをわかりやすく記した。(関大)

□ 4. 農村に、信者の集団である ★★★ を形成することで、 　講
宗派の勢力を拡大させた。(中央)

□ 5. 浄土真宗の信者のうち、出家していない者を ★★ と 　門徒
いう。

□ 6. 京都に戻り、 ★★ を建立した。(聖心女子) 　山科本願寺

　➡この寺院は、 ★ で破却された。(聖心女子) 　法華一揆

□ 7. 大坂には ★★★ を建立した。 　石山本願寺

　➡この寺の跡地には ★★ が建てられた。(西南学院) 　大坂城

大人として知っておきたいレベル

□ 8. 諱は 　　　 という。 　兼寿

□ 9. 　　　 宗徒の襲撃に遭い、 　　　 を破却された。 　比叡山、大谷

　➡その結果、最初 ▧ 、次に越前に移った。 　近江堅田

□ 10. 「炎天下の中にお寺にお越しくださった方には、 　　　 　冷酒
をお出ししなさい」 という言葉が残っている。

こぼれ話

当時、勢力の弱かった浄土真宗本願寺派を急速に発展させた人物です。「寒空の中に
お寺にお参りされた方々には、お酒をカンにしてさしあげて、道中の寒さをしのぐよう
に。炎天下の中にお寺にお越しくださった方には、酒を冷やしてお出ししなさい」と
いう言葉が『蓮如上人御一代記聞書』に残っています。お参りに来た人にお寺がお酒
を出してあげるというところが非常に興味深い文章です。

63

尚巴志 しょう は し (1372～1439　在位 1422～1439)

琉球王国の建国者。那覇は国際的貿易都市に発展した。

学校で習ったレベル

□ 1. 初代 ★★★ である。 — 琉球国王

□ 2. ★★ 王であったが、琉球王国を統一した。 — 中山

　➡ ★★ 王、 ★★ 王を滅ぼして、琉球王国を統一 — 北山、南山
　　した。(関学)

□ 3. 王府を ★★ 〈地名〉に置いた。(京都府立大) — 首里

□ 4. ★★★ 〈地名〉は、王府の外港である。(京都府立大) — 那覇

□ 5. 琉球船が行なった貿易を ★★★ 貿易という。(専修) — 中継**貿易**

□ 6. 国王 ★ の頃、薩摩藩に征服された。(関大) — 尚寧

□ 7. 国王 ★ の頃、沖縄県となった。(青学) — 尚泰

大人として知っておきたいレベル

□ 8. もともと ？ 按司であった。 — 佐敷 さ じき

□ 9. 王城である ＿＿＿ を大規模に修築した。 — 首里城

　➡この城の正門を ＿＿＿ という。 — 守礼門

□ 10. 彼の第一尚氏王朝は6代続いたが、重臣の ？ に — 金丸
　　王権を奪われた。

□ 11. 若き日のエピソードに「自分の大切な ＿＿＿ と引き換 — 刀
　　えに大量の ＿＿＿ を手に入れ、領内の農民に分け与 — 鉄
　　えた」というものがある。

こぼれ話

沖縄の中心というと現在の県庁所在地でもある那覇を連想するかもしれませんが、琉球王国の首都は那覇ではなく、首里城のあった首里です。現在では首里も那覇市の中にありますが、首都が首里、那覇は外港と押さえておいてください。中継貿易とは、自国の商品を輸出するのではなく、他国から輸入した品物を別の国に売る貿易です。東南アジアの染料や香木などは琉球を通じて日本へ入ってきたのです。

第3章

戦国・近世

北条早雲 (1432〜1519)

関東の秩序を変えた一族。ミスター下剋上。

学校で習ったレベル

☐ 1. [★★] を滅ぼして伊豆に進出した。

  ➡これにより、[★★] 公方は滅んだ。(青学)

  ➡この人物の父は [★★] である。(青学)

☐ 2. [★★★]〈地名〉を本拠地とした。(京都府立大)

☐ 3. 家訓に「[★★]」がある。(京大)

☐ 4. 早雲の後継者は、子の [★] である。(東洋)

☐ 5. 孫の [★★] は、古河公方と関東管領の上杉氏を破り、

  関東で絶大な権力を握った。(青学)

大人として知っておきたいレベル

☐ 6. 名を [ ] という。

☐ 7. 通称は [ ] である。

☐ 8. 出家して早雲庵 [ ] と号した。

☐ 9. 家紋は [ ] である。

☐ 10. 元々は、室町幕府の [ ] であった。

☐ 11. [ ] 氏を頼って駿河に下向した。

☐ 12. 堀越公方を倒して [ ] 城に入った。

茶々丸

堀越公方

足利政知

小田原

早雲寺殿廿一箇条

北条氏綱

北条氏康

伊勢盛時

新九郎

宗瑞

三つ鱗

奉公衆

今川氏

韮山城

こぼれ話

戦国大名北条氏と鎌倉幕府の執権であった北条氏は無関係であると考えるのが一般的です。元々北条早雲は伊勢宗瑞と名乗っており伊勢氏の人間です。関東を支配するにあたって自らが関東の支配者であるということを周囲に印象づけるため北条氏を名乗ったといわれています。北条氏の家紋である「三つ鱗」は、鎌倉時代の執権であった北条氏の家紋に由来します。三つ鱗が、執権北条氏の家紋であったということです。

毛利元就 <ruby>毛<rt>もう</rt></ruby><ruby>利<rt>り</rt></ruby><ruby>元<rt>もと</rt></ruby><ruby>就<rt>なり</rt></ruby>（1497 ～ 1571）

一介の国人から中国地方の覇者に。三人の子に未来を託す。

学校で習ったレベル

☐ 1. ★★★〈旧国名〉の戦国大名である。

　➡元は、この地域の ★★ であった。

☐ 2. 周防の ★★★ を倒し、周防と長門を手に入れた。

　➡この人物は、主君である ★★★ を下剋上した。

☐ 3. 出雲の ★★ 氏を倒した。

大人として知っておきたいレベル

☐ 4. 家紋は □□□□□ である。

☐ 5. 長男の □□□□□ が家督を継いだ。

☐ 6. 次男は、養子となり □□□□□ を名乗った。

☐ 7. 三男は、養子となり □□□□□ を名乗った。

☐ 8. 中国地方の □□□□□ カ国を制覇した。

☐ 9. □□□□□ の即位式は、彼の献上金で挙げられた。

☐ 10. 三本の □□□□□ という有名なエピソードがある。

　➡晩年、子どもたちに向けて『 □□□□□ 』という教訓書

　を著したことからこの逸話が生まれた。

☐ 11. 矢はイタリア語で □□□□□ という。

　※サッカーチーム、サンフレッチェ広島の語源。

☐ 12. 1997（平成 9）年の大河ドラマ「毛利元就」で、毛利

　元就を演じた歌舞伎俳優は □□□□□ である。

安芸

国人

<ruby>陶晴賢<rt>すえはるかた</rt></ruby>

大内義隆

尼子氏

一文字三星

毛利隆元

吉川元春

小早川隆景

10

<ruby>正親町天皇<rt>おおぎまち</rt></ruby>

矢

三子教訓状

フレッチェ

中村橋之助
（現：中村芝翫）

戦国・近世

武田信玄 (1521 ～ 1573)

たけ だ しん げん

甲斐の虎。信長が最も恐れた男で温泉好き。

学校で習ったレベル

- [ ] 1. ┃ ★★★ ┃〈国名〉を中心とした戦国大名である。 — 甲斐

- [ ] 2. 上杉謙信と ┃ ★★ ┃ の戦いで何度も争った。 — 川中島の戦い

- [ ] 3. ┃ ★ ┃ で、信長・家康連合軍に圧勝した。 — 三方ヶ原の戦い

- [ ] 4. 子の ┃ ★★★ ┃ は織田信長に滅ぼされた。(高崎経済) — 武田勝頼

- [ ] 5. 『 ┃ ★★★ ┃ 』〈漢字7文字〉という分国法を定めた。 — 甲州法度之次第(信玄家法)

    ➡この分国法には、家臣同士の私闘を禁止する ┃ ★★ ┃
    が定められた。(立命館) — 喧嘩両成敗

- [ ] 6. ┃ ★★★ ┃ という堤防を築いた。(立命館) — 信玄堤

- [ ] 7. ┃ ★★ ┃ という鉱山を開発した。 — 甲斐金山

大人として知っておきたいレベル

- [ ] 8. 武田氏は ┃　　　┃ 氏の支流である。 — 清和源氏

- [ ] 9. 信玄は法号で、名を ┃　　　┃ という。 — 晴信

- [ ] 10. 家紋は ┃　　　┃ である。 — 武田菱

- [ ] 11. 父の ┃　　　┃ を追放して甲斐国主となった。 — 武田信虎

- [ ] 12. 三河の ┃　　　┃ 攻囲中に病に倒れた。 — 野田城

- [ ] 13. 旗印の通称 ┃　　　┃ は、「 ┃　　　┃ 如風、 ┃　　　┃ 如
    林、 ┃　　　┃ 如火、 ┃　　　┃ 如山」の略である。 — 風林火山、疾、徐、侵掠、不動

- [ ] 14. 信玄の愛した温泉は、 ┃　　　┃ と呼ばれている。 — 信玄の隠し湯

こぼれ話

武田信玄は大の温泉好きとして知られていますが、家臣の傷を癒すことも主な目的だったようです。ここに信玄の家臣想いの一面を見ることができます。

山本勘助 <small>やま もと かん すけ</small>（生没年未詳）

武田信玄の軍師といわれる人物。最近、実在を確認！

学校で習ったレベル

教科書には載っていません。

大人として知っておきたいレベル

☐ 1. ◯◯◯◯〈旧国名〉の人である。　三河

☐ 2. ◯◯◯◯の参謀を務めた。　武田信玄

☐ 3. 目は◯◯◯で、脚は◯◯◯であった。　独眼、隻脚（片足のみ）

☐ 4. 1561（永禄 4）年の◯◯◯◯で討ち死にした。　川中島の戦い

　　➡このとき享年◯◯◯といわれている。　69

☐ 5. ✎◯◯◯の祖とされる。　武田流兵法

☐ 6. 江戸時代初期に成立した武田氏の軍学書である

　　『◯◯◯◯』に初めて登場する人物である。　甲陽軍鑑

　　➡最近、✎◯◯◯と記された当時の文献が複数発見さ　山本菅助

　　れた。

☐ 7. 敗れかかった軍を立て直した◯◯◯◯という戦法で有名　破軍建返し

　　である。

　　※これは信州砥石城攻略の際の勘助の功績です。勘助は、武田勢の背
　　後を突いてきた村上義清の大軍に対して、わずか 50 騎の兵で村上軍
　　を挑発しました。すると、この挑発にはまった村上軍は勘助の一隊を追
　　い始めたのです。そこで武田軍本隊は村上勢を追撃して劣勢を挽回し、
　　武田軍は砥石城を攻略したのです。

こぼれ話

山本勘助については、長年、伝説上の人物であるとされてきました。しかし、昭和 44
年（1969 年）、大河ドラマ『天と地と』を観ていた北海道釧路市在住の視聴者が、先
祖伝来の古文書から戦国時代のものとみられる「山本菅助」の名が記された 1 通の書
状を探し、鑑定を依頼したところ本物であることが確認されました。これをきっかけに
「山本菅助」の名が記された文書が各地で発見され、山本勘助が実在したのではない
かといわれるようになりました。

上杉謙信（1530～1578）

越後の龍。川中島の戦いで武田信玄と戦う。軍神と呼ばれる。

学校で習ったレベル

- [ ] 1. ★★★ 〈旧国名〉を拠点としていた。(駒沢) ── 越後
- [ ] 2. ★★ 出身の戦国大名である。 ── 守護代
- [ ] 3. 城下町は ★★ である。(京大) ── 春日山
- [ ] 4. 関東管領 ★★ より家督を継いだ。(早大) ── 上杉憲政
  - ➡この人物は ★★ 〈漢字4字〉家である。 ── 山内上杉家
- [ ] 5. 養子の ★★★ が家督を継いだ。 ── 上杉景勝

大人として知っておきたいレベル

- [ ] 6. 父は [　　] である。 ── 長尾為景
- [ ] 7. 景虎の後、[　　]、[　　] と改名した。 ── 政虎、輝虎
- [ ] 8. 剃髪して [　　] 謙信と号した。 ── 不識庵
- [ ] 9. 長尾家の家紋は [　　] である。 ── 九曜紋
- [ ] 10. 上杉家の家督を継ぐと [　　] という家紋を用いるようになった。 ── 竹に飛び雀
- [ ] 11. 上杉軍の軍旗は、[　　] と [　　] がある。 ── 毘、龍
  - ➡それぞれ [　　] と、[　　] を指す。 ── 毘沙門天、不動明王
- [ ] 12. [　　] は、春日山の外港として栄えた。 ── 直江津
- [ ] 13. 信長から「[　　]」という屏風が贈られた。 ── 洛中洛外図屏風

こぼれ話

上杉謙信の女性説というものがあります。生涯妻を娶らなかったことや、側室を置かなかったこと、毎月謎の腹痛があったことなどがその根拠とされています。しかしこのような話を集めればいくらでも女性であったかのような印象操作はできるので、現在では完全に俗説であるといわれています。

北条氏康 <small>ほう じょう うじ やす</small> (1515 ～ 1571)

軍神上杉謙信を破り、和歌や蹴鞠に秀でた文武両道の鬼才。

学校で習ったレベル

☐ 1. 祖父は ★★ である。 — 北条早雲

☐ 2. ★★ 家を破り、越後に敗走させた。(青学) — 山内上杉家

☐ 3. 1546 (天文 15) 年、 ★★ を滅ぼした。(青学) — 扇谷上杉家

☐ 4. 1554 (天文 23) 年、 ★★ を滅ぼした。(青学) — 古河公方

☐ 5. 子の ★★ に家督を譲った後も、共同統治を続けた。 — 北条氏政

大人として知っておきたいレベル

☐ 6. 父は ____ である。 — 北条氏綱

☐ 7. 幼少の頃 ____ に脅えたことを家臣に笑われたため、切腹しようとしたことがある。 — 刀の音

☐ 8. ____・____ との間に甲相駿三国同盟を結び、関東を支配した。 — 武田信玄・今川義元

☐ 9. 山内・扇谷上杉連合軍 8 万 5 千をわずか 1 万 1 千で打ち破った ____ 夜戦は、「日本三大奇襲」の一つに数えられている。 — 河越夜戦

☐ 10. 1561 (永禄 4) 年、越後の ____ を撃退した。 — 上杉謙信

☐ 11. 顔面に ____ と呼ばれる刀傷があった。 — 北条疵

☐ 12. 教育に力を入れ、 ____ の復興を援助した。 — 足利学校

☐ 13. 教養が高く、 ____ 、 ____ の才能もあった。 — 和歌、蹴鞠

☐ 14. 部下に対して「酒は ____ に飲め」という言葉を残した。 — 朝

戦国・近世

こぼれ話

北条氏康が朝酒を勧めた理由は、「寝る前に飲酒をすると、どうしても深酒になりやすく、それが失敗につながりやすい」というものです。

斎藤道三 (1494 ～ 1556)

若き信長の才覚を見抜いた美濃のマムシ。

学校で習ったレベル

□ 1. ★★★ 〈旧国名〉の戦国大名である。(青学)　美濃

□ 2. ★★★ 氏を下剋上して戦国大名となった。(慶應)　土岐

□ 3. ★★★ 城を拠点とした。　稲葉山城

□ 4. 孫の ★★ は、信長に敗れ、城を奪われた。　斎藤龍興(たつおき)

大人として知っておきたいレベル

□ 5. 美濃の □□□□ というあだ名がある。　蝮

□ 6. 下剋上を地で行く残忍さから □□□□ と呼ばれ恐れら　梟雄

れていた。　※残忍で勇猛な人物という意味です。

□ 7. 主君の □□□□ 氏を下剋上し、守護代 □□□□ 氏の家　長井、斎藤

名を奪った。

□ 8. 土岐頼芸の弟である □□□□ を毒殺し、土岐頼芸とそ　土岐頼満

の息子を □□□□ へ追放した。　尾張

□ 9. 娘の □□□□ 姫を、織田信長に嫁がせた。　濃姫

□ 10. 子の □□□□ と戦い、敗死した。　斎藤義龍

➡この戦いを □□□□ の戦いという。　長良川の戦い

□ 11. 信長を見て、「我が子たちはあのうつけの門前に　馬

□□□□ をつなぐようになる（信長の家臣になるだろう）」

といったと『信長公記』に記されている。

こぼれ話

斎藤道三は、「油売り商人から一代で美濃の大名となった」人物とされていましたが、最近発見された古文書などから、油売り商人として美濃に渡ったのは父の長井新左衛門尉という説が有力になっています。

72

朝倉義景 <ruby>朝<rt>あさ</rt></ruby><ruby>倉<rt>くら</rt></ruby><ruby>義<rt>よし</rt></ruby><ruby>景<rt>かげ</rt></ruby> (1533～1573)

将軍家と太いパイプを持ち、信長と対決。一乗谷は小京都。

学校で習ったレベル

☐ 1. ┃★★★┃〈旧国名〉の戦国大名である。(立教)　　　越前

☐ 2. 朝倉氏は、┃★★┃から戦国大名になった。　　　守護代

　　➡ ┃★★┃氏を下剋上して戦国大名となった。　　　斯波氏

☐ 3. 朝倉氏の家訓に┃★★★┃がある。(明治)　　　朝倉孝景条々

☐ 4. 城下町は┃★★★┃である。(京大)　　　一乗谷

☐ 5. ┃★★★┃〈戦乱名〉で、織田信長に敗れ、その後滅んだ。　　　姉川の戦い

大人として知っておきたいレベル

☐ 6. 家紋は┃　　　┃である。　　　三盛木瓜

☐ 7. 父の┃　　　┃は、斯波氏を下剋上した。　　　朝倉孝景

☐ 8. 最初の名を朝倉┃✓　　┃といった。　　　**朝倉延景**

☐ 9. 将軍┃　　　┃から1字をもらい義景と名乗った。　　　足利義輝

☐ 10. 将軍┃　　　┃は、一乗谷の朝倉館で元服した。　　　足利義昭

☐ 11. 1573(天正元)年、信長に一乗谷を攻められ、越前

　　┃✓　　┃で自刃した。　　　大野

☐ 12. ┃　　　┃という天才的参謀役がいた。　　　朝倉宗滴

☐ 13. 一乗谷の城下町は、400年後┃　　　┃遺跡として発掘　　　一乗谷朝倉氏**遺跡**

　　され、当時の様子が再現された。

戦国・近世

こぼれ話

朝倉義景は風流を好んだ武将で、和歌や猿楽、絵画や茶道に親しみ、京都から一流の文化人を招いたため、越前は北の京と呼ばれるほどでした。それは、近年の発掘調査で、タイ製の壺や唐物茶碗などが発見されたり、4つの日本庭園が確認されたりと相当なものでした。

浅井長政 (1545〜1573)

信長の妹を妻に迎え、淀君、江の父となる。

学校で習ったレベル

☐ 1. 北 ★★ 〈旧国名〉の戦国大名である。(学習院) … 近江

☐ 2. 越前の ★★★ と結んで信長に対抗した。(早大) … 朝倉義景

☐ 3. ★★★ 〈戦乱名〉で、織田信長に敗れ、その後滅んだ。 … 姉川の戦い

大人として知っておきたいレベル

☐ 4. 近江国 ☐ 城主である。 … 小谷

☐ 5. 祖父 ✓ 、父 ✓ とともに浅井三代と呼ばれ、
浅井家の隆盛を極めた。 … 浅井亮政、浅井久政

☐ 6. 信長の妹 ☐ を妻に迎えた。 … お市

☐ 7. 長女の ☐ は、後に ☐ の側室となり、
☐ となった。 … 茶々、豊臣秀吉 / 淀君

☐ 8. 次女の ☐ は、後に ✓ の正室となった。 … 初、京極高次

☐ 9. 三女の ☐ は、最終的に ☐ の正室となった。 … 江、徳川秀忠

　　➡彼女の娘の ☐ は、後水尾天皇に嫁いだ。 … 徳川和子

　　➡娘が生んだ子は、女帝 ☐ 天皇となった。 … 明正天皇

☐ 10. 浅井氏滅亡後、その地は ☐ が拝領した。 … 羽柴秀吉

　　➡彼は、その地に ☐ を築城した。 … 長浜城

こぼれ話

「浅井長政」の「浅井」を「あざい」と読むか「あさい」と読むかについては、今でも両方の説があり、専門家の間でも結論は出ていません。
「あさい」説の根拠は、10世紀前半に成立した『和名類聚抄』という百科事典で「あさい」と読み仮名がふられていること、また「あざい」説の根拠は『節用集』という中世・近世の国語事典に「あざい」と読みがながふられていることです。
浅井長政の地元である北近江一帯(長浜市や湖北町など)では、「あざい」と読むのが一般的です。

74

大友宗麟 (1530 ～ 1587)

おお とも そう りん

ザビエルにキリスト教布教を許した九州北部を支配する大名。

戦国・近世

学校で習ったレベル

☐ 1. ★★★ 〈旧国名〉の戦国大名である。(京都府立大) | 豊後

☐ 2. 城下町は ★★★ である。(京都府立大) | 府内

➡ここは ★★★ 貿易の港としてもにぎわった。 | 南蛮貿易

☐ 3. 名を ★★ といい、剃髪後宗麟と名乗った。 | 義鎮 (よししげ)

☐ 4. ★★★ に、豊後での布教を認めた。 | フランシスコ=ザビエル

☐ 5. ★★ をヨーロッパに派遣した。(慶應) | 天正遣欧使節

➡ ★★ の勧めで派遣した。(中央) | ヴァリニャーニ

➡キリシタン大名 ★★ ・ ★★ とともに少年使節を派遣した。(慶應) | 大村純忠・有馬晴信 (おおむらすみただ・ありまはるのぶ)

大人として知っておきたいレベル

☐ 6. 居城は ☐ 城である。 | 臼杵城

☐ 7. 家紋は ☐ である。 | 杏葉紋

☐ 8. 洗礼名は ☐ である。 | ドン=フランシスコ

☐ 9. 印章には洗礼名にちなみ ☐ の文字が刻まれている。 | FRCO

☐ 10. 九州のうち ☐ カ国の守護となった。 | 6

☐ 11. 妹の孫に天正遣欧使節の ✎ ☐ がいる。 | 伊東マンショ

☐ 12. 島津氏の侵略を受けると ☐ に助けを求めた。 | 豊臣秀吉

☐ 13. キリスト教に入信した際、妻の ✎ ☐ と離婚した。 | 奈多夫人

こぼれ話

大友宗麟の妻は神官の娘でした。宗麟の女狂いとキリスト教入信に嫌気がさして離婚したといわれています。

織田信長 (1534 ～ 1582)

天下統一を目前に本能寺に散る。

学校で習ったレベル

☐ 1. ★★ 〈旧国名〉の戦国大名である。 | 尾張

☐ 2. 「 ★★ 」の印判を用いた。 | 天下布武

☐ 3. 駿河の戦国大名 ★★★ を破った。(京大) | 今川義元

  ➡ この戦いを ★★★ という。 | 桶狭間の戦い

☐ 4. 三河の ★★★ と清洲同盟を結んだ。 | 松平元康（徳川家康）

☐ 5. 美濃の戦国大名 ★★★ を破った。(東海) | 斎藤龍興

  ➡ この戦いを ★★★ という。 | 稲葉山城の戦い

☐ 6. 稲葉山城を ★★ 城と改称した。(京大) | 岐阜**城**

  ➡ 城下の ★★ に楽市令を出した。 | 加納

☐ 7. 将軍 ★★★ を奉じて入京した。(明治) | 足利義昭

☐ 8. 和泉の ★★ を直轄化した。(学習院) | 堺

☐ 9. 姉川の戦いで ★★★ ・ ★★★ を破った。(早大) | 浅井長政・朝倉義景

☐ 10. 1571 (元亀 2) 年、 ★★★ 焼討ちを行なった。(京大) | 延暦寺

☐ 11. ★★★ 年、室町幕府を滅ぼした。(中央) | 1573

☐ 12. 甲斐の戦国大名 ★★ を破った。(立教) | 武田勝頼

  ➡ この戦いを ★★★ という。(京大) | 長篠合戦

  ➡ この戦いでは、足軽から構成される ★★★ 隊が活躍した。(慶應) | 鉄砲**隊**

☐ 13. 1576 (天正 4) 年、近江に壮大な ★★★ 城を築城した。(京大) | 安土**城**

  ➡ 城下の ★ 町に楽市令を出した。 | 山下町

□ **14.** 本願寺11世の ★★ と和睦し、石山戦争が終結した。　｜顕如

　➡信長が平定した主な一向一揆は、 ★★ と　｜越前

　★★ である。(学習院)　｜伊勢長島

□ **15.** 日蓮宗に、 ＿＿＿＿ を行なわせて、それに負けたという　｜安土宗論

　理由で弾圧した。

□ **16.** ★★ の戦いで武田氏を滅ぼした。(同志社)　｜天目山の戦い

□ **17.** ★★★ に攻められ自害した。(学習院)　｜明智光秀

□ **18.** 子の ★★ は、家康と小牧・長久手の戦いを起こし　｜織田信雄

　たが、秀吉と和睦した。(同志社女子)

□ **19.** 彼の行なった検地を ★★ という。(中央)　｜指出検地

□ **20.** 各地にあった ★★ の撤廃を行なった。(岡山大)　｜関所

□ **21.** 彼の愛した舞踊を ★ という。(東京女子)　｜幸若舞

大人として知っておきたいレベル

□ **22.** 家紋は ＿＿＿＿ である。　｜織田木瓜(おだもっこう)

□ **23.** 父は ＿＿＿＿ である。　｜織田信秀

□ **24.** 若い頃は「＿＿＿＿」と呼ばれた。　｜うつけ

□ **25.** 桶狭間の戦いの出陣直前、幸若舞の「＿＿＿＿」を舞っ　｜敦盛

　た。

□ **26.** 一時、 ＿＿＿＿ 親王を猶子とし、親子関係にあった。　｜興意法親王

□ **27.** 信長の有名な肖像画は、狩野永徳の弟の ✎＿＿＿ が描　｜狩野元秀

　いた。

□ **28.** 囲碁棋士の ✎＿＿＿ は、信長に仕えて名人の称を与え　｜本因坊算砂(ほんいんぼうさんさ)

　られた。

今川義元 (1519 ～ 1560)

海道一の弓取り。桶狭間で信長にまさかの敗北。

学校で習ったレベル

☐ 1. ★★★ 〈旧国名〉の戦国大名である。(中央) — 駿河

☐ 2. ★★★ 〈戦乱名〉で、織田信長に敗れた。 — 桶狭間の戦い

☐ 3. 今川氏の分国法は『 ★★★ 』である。(京大) — 今川仮名目録

 ➡この分国法は、父の ★ が定めた。 — 今川氏親

☐ 4. 義元が定めた分国法は『 ★ 』である。 — 今川仮名目録追加

大人として知っておきたいレベル

☐ 5. 家紋は、足利氏と同じ ☐ である。 — 丸に二つ引両

☐ 6. ☐ の名手で ☐ という異名がある。 — 弓、海道一の弓取り

☐ 7. 母は、大納言 ☐ の娘である。 — 中御門宣胤（なかみかどのぶたね）

☐ 8. 1542 (天文 11) 年、三河に侵入した織田信秀の軍勢を ☐ で破った。 — 小豆坂

☐ 9. 1549 (天文 18) 年、安祥城を攻略して信秀の子 ☐ を捕虜とした。 — 織田信広

 ➡この人物は、織田氏の人質だった ☐ と交換されたが、翌年、今川氏の人質となった。 — 松平竹千代（後の徳川家康）

☐ 10. 初め甲斐の ☐ 、後に相模の ☐ と姻戚関係を結び、同盟を組んだ。 — 武田信玄、北条氏康

☐ 11. 1555 (弘治元) 年、参謀役の ☐ が亡くなった。 — 太原雪斎（たいげんせっさい）

こぼれ話

桶狭間の戦いで今川義元が敗れると、家臣が次々と離反し今川氏は滅亡します。しかし今川氏真は蹴鞠が上手く、風流を理解していた武将だったため、秀吉や家康に気に入られ、最終的には品川に屋敷を与えられ、悠々自適の余生を送りました。

足利義昭
あし かが よし あき
(1537 〜 1597　在職 1568 〜 1588)

室町幕府最後の将軍。信長に奉じられ、最後は秀吉に保護。

学校で習ったレベル

☐ 1. 兄は、室町幕府 13 代将軍の ★ である。 — 足利義輝

☐ 2. ★★★ に奉じられ、15 代将軍に就任した。 — 織田信長

☐ 3. 1573（元亀 4）年、京都を追われ ★★★ は滅亡した。 — 室町幕府

大人として知っておきたいレベル

☐ 4. 家紋は □ である。 — 丸に二引両

☐ 5. 父は 12 代将軍 □ である。 — 足利義晴

☐ 6. 最初、□〈寺院名〉一乗院門跡となり、□ を名乗った。 — 興福寺、覚慶

☐ 7. 還俗して □ を名乗った。 — 義秋

☐ 8. 京都の □ にいたところを、信長の軍に包囲され、降伏した。 — 二条城

☐ 9. 宇治の □ に移り、再び信長に抗戦したが敗れた。 — 槙島

☐ 10. □ の元に身を寄せ、室町幕府は滅亡した。 — 三好義継

☐ 11. 信長に追放された後、□ という港町に逗留した。 — 鞆
とも

☐ 12. 晩年は、□ に保護され、□ で亡くなった。 — 豊臣秀吉、大坂

こぼれ話

室町幕府の滅亡は、織田信長が足利義昭を京都から追放した 1573 年と覚えていると思いますが、この段階で足利義昭は征夷大将軍を辞めてはいないのです。実は本能寺の変で織田信長が亡くなった 1582 年の段階でも足利義昭は征夷大将軍でした。足利義昭が征夷大将軍の職を辞したのは、室町幕府滅亡から 15 年もたった 1588 年のことです。足利義昭は薩摩藩の島津氏と豊臣秀吉の間に入って和睦交渉にあたり、和睦が実現した後、京都に戻り征夷大将軍の職を辞したのです。室町幕府が滅んだ後も将軍として活動し続けたわけです。

細川幽斎 <small>ほそ かわ ゆう さい</small> (1534 ～ 1610)

近代歌学の祖。波乱の人生を送るが和歌と教養で命をつなぐ。

学校で習ったレベル

教科書には載っていません。

大人として知っておきたいレベル

☐ 1. 三条西実枝から _____ を受け、近世歌学の祖といわ
　　れる。※古今和歌集の解釈などを口伝で秘密に伝えること。 ……… 古今伝授

☐ 2. 名は _____ である。 ……… 藤孝

☐ 3. 子は _____ である。 ……… 細川忠興 <small>ただおき</small>

☐ 4. 母は将軍 _____ の側室で、将軍の子ではないかとい
　　われている。 ……… 足利義晴

☐ 5. 将軍の命で _____ の養子となった。 ……… 細川元常

☐ 6. 将軍足利義輝が暗殺されると、興福寺にいた義輝の弟
　　の _____ を救出した。 ……… 足利義昭

　　➡ _____ を頼り、この人物の上洛を成功させた。 ……… 織田信長

☐ 7. 室町幕府滅亡後は、_____ の家臣となった。 ……… 織田信長

☐ 8. _____ の娘を子の忠興の妻とした。 ……… 明智光秀

☐ 9. 本能寺の変の際、光秀の誘いを断り、剃髪して _____
　　を号した。 ……… 幽斎玄旨

☐ 10. 豊臣秀吉より山城国 _____ 3000石を与えられた。 ……… 西ヶ岡

☐ 11. 関ヶ原の戦いで、戦死しそうになったが、古今伝授が途
　　絶えることを懸念した _____ が彼を救った。 ……… 後陽成天皇

明智光秀 <small>あけ ち みつ ひで</small> (1528 ? ～ 1582)

本能寺の変で信長を死に追いやる。近年は名将との評価も。

学校で習ったレベル

☐ 1. ★★★ 〈政変名〉で、織田信長を自害させた。(学習院)　本能寺の変

☐ 2. ★★★ 〈戦乱名〉で、羽柴秀吉に敗れた。(学習院)　山崎の戦い

大人として知っておきたいレベル

☐ 3. ＿＿＿＿〈旧国名〉の生まれである。　美濃

☐ 4. 清和源氏の流れをくむ ＿＿＿＿ 氏の支流である。　土岐氏

☐ 5. 明智家の家紋は ＿＿＿＿ である。　桔梗紋

　➡光秀は ＿＿＿＿ の家紋を用いていた。　水色桔梗

☐ 6. 通称を ＿＿＿＿ という。　十兵衛

☐ 7. 信長の元で、＿＿＿＿ 城主となり、次いで ＿＿＿＿ 城主　近江坂本、丹波亀山
　となった。

☐ 8. この際、惟任 ＿＿＿＿ 守と称された。　日向

☐ 9. 本能寺の変は ＿＿＿＿ 月 ＿＿＿＿ 日に起こった。　6月2日

☐ 10. 織田信忠は、＿＿＿＿ で自害した。　二条御所

☐ 11. ＿＿＿＿〈地名〉で、農民に殺されたといわれている。　小来栖 <small>こぐるす</small>

☐ 12. 娘の ＿＿＿＿ は、細川忠興に嫁いだ。　細川ガラシャ

☐ 13. 山崎の戦いの後で亡くならず、家康の参謀役である　天海
　＿＿＿＿ となったという俗説がある。

こぼれ話

2020年、明智光秀が築いた福知山城がある京都府福知山市と福知山光秀プロジェクト推進協議会が、「本能寺の変 原因説 50 総選挙」を行ないました。この結果では第1位が暴君討伐説、2位が羽柴秀吉黒幕説、3位が怨恨説、4位が野望説、5位が羽柴秀吉実行犯説となりました。当時、光秀が書いた書状がほとんど残されていないことから、この謎が解明されるのはまだまだ先かもしれません。

豊臣秀吉 (1537-98)
とよ とみ ひで よし

日本で一番出世した男。

学校で習ったレベル

☐ 1. 太閤とは □□□□□ を子に譲った人のことである。　　関白

☐ 2. ★★★ 〈旧国名〉の出身である。(学習院)　　尾張

☐ 3. ★★★ に仕えた。　　織田信長

☐ 4. 山崎の戦いで ★★★ を倒した。(学習院)　　明智光秀

☐ 5. 賤ヶ岳の戦いで、信長の重臣である ★★ を破った。　　柴田勝家

☐ 6. 摂津に ★★★ 城を築城し始めた。　　大坂**城**

　　➡この城は ★★★ の跡地に建てられた。(西南学院)　　石山本願寺

☐ 7. 小牧・長久手の戦いで、★★★ ・信長の子の ★★ 　　徳川家康、織田信雄
　　と戦ったが和睦した。(同志社女子)

☐ 8. 1585 (天正 13) 年、朝廷から ★★★ に任じられ、　　関白
　　翌年には ★★★ に任じられた。(立命館)　　太政大臣

☐ 9. ★★★ を倒して、四国を平定した。(南山)　　長宗我部元親

☐ 10. 全国の戦国大名に停戦を命じる ★★★ を出した。　　惣無事令

　　➡九州の ★★ は、これに違反したとして降伏させら　　島津義久
　　れた。(南山)

☐ 11. 1590 (天正 18) 年、小田原の ★★ を滅ぼした。　　北条氏政

　　➡同年、陸奥の ★★★ も服属させ、全国統一を完成　　伊達政宗
　　させた。

☐ 12. 京都に新築した ★★ に ★★ 天皇を迎えて、諸　　聚楽第、後陽成**天皇**
　　大名に忠誠を誓わせた。(学習院)

☐ 13. 秀吉の行なった検地を ★★★ という。(駒沢)　　太閤検地

　　➡この検地では、土地の耕作者が ★★ に記された。　　検地帳

□ 14. 農民から武器を没収する ★★★ を行なった。

➡名目は ★ の大仏建立であった。(関学)

□ 15. ★★★ を出して、武士が町人や百姓になることと、百姓が他の身分に移ることを禁じた。(駒沢)

□ 16. 秀吉の鋳造した大判を ★★ という。(明治)

□ 17. 倭寇を禁止する ★★★ を出した。(首都大)

□ 18. ★★★ を出して、宣教使を追放した。(立命館)

□ 19. 明を征服しようとして、★★★ ・ ★★★ と2回にわたる朝鮮出兵を行なった。(同志社)

□ 20. 後継者は ★★★ の生んだ ★★★ である。(明治)

刀狩	
方広寺	
人掃令	
天正大判	
海賊取締令	
バテレン追放令	
文禄の役・慶長の役	
淀殿、豊臣秀頼	

大人として知っておきたいレベル

□ 21. 家紋は、▼ □ → □ → □ → ▼ □ と変遷した。

おもだか ごさんのきり
沢瀉、五三桐、
五七桐、太閤桐

□ 22. 馬印は □ である。

せんなりひょうたん
千成 瓢箪

こぼれ話

最近の教科書では、「朝鮮出兵」ではなく「朝鮮侵略」と記されるようになりました。その一方で、ポルトガルに配慮してなのか、ポルトガル人が日本人を奴隷売買していた記述が消えています。また秀吉とは無関係ですが、従軍慰安婦の記述が「いわゆる」という言葉を頭に入れて復活したというニュースもありました。教科書の記述により、歴史を学んだ人の印象が大きく変わるということは、中国や韓国の歴史教育を見ているとよくわかります。時々、教科書の記述がニュースになったりしますが、「たかが教科書の記述の変化じゃないか」と片付けずに、私たちはこの動向をしっかりと見守っていくべきであると考えます。

黒田官兵衛 (1546 ～ 1604)

秀吉を支え続けた軍師官兵衛。キリシタン大名でもある。

学校で習ったレベル

□ 1. 法号を黒田 ★ という。

□ 2. ★ 大名であった。

□ 3. 子は、関ヶ原の戦いで活躍した ★★ である。

大人として知っておきたいレベル

□ 4. 〈旧国名〉の出身である。

□ 5. 家紋は である。

□ 6. 名を官兵衛 という。

□ 7. 洗礼名は である。

□ 8. 最初 氏を名乗り 城にいた。

□ 9. 信長に背いた により有岡城の牢に入れられた。

□10. を水攻めにすることを提案した。

□11. 本能寺の変の際、 に「天下を取る好機」とけしかけたという逸話がある。

□12. 九州平定の後 城主となり12万石を領した。

□13. 関ヶ原の戦いでは 軍に属した。

□14. 大河ドラマ「軍師官兵衛」では が演じた。

如水

キリシタン

黒田長政

播磨

藤巴 (ふじどもえ)

孝高 (よしたか)

ドン＝シメオン

小寺氏、姫路城

荒木村重

備中高松城

羽柴（豊臣）秀吉

豊前中津

東（徳川）

岡田准一

こぼれ話

黒田官兵衛は、本能寺の変の際に秀吉に「天下を取るチャンスです」とささやいたというエピソードからも、冷静沈着ないかにも軍師らしい人物という印象があるかもしれませんが、実は和歌の腕前も見事なものでした。当時は戦国武将の多くは、代理の人間に和歌を詠ませていたのですが、官兵衛は自ら和歌を詠んでいたといわれています。実は官兵衛の母は京都の公家の出身で、和歌を教える家柄だったということが大きく関係していたのかもしれません。

柴田勝家 <small>しばた かついえ</small> (1522～1583)

信長の後継者の最有力候補。賤ヶ岳で秀吉に敗れる。

学校で習ったレベル

☐ 1. ★★★ 〈戦乱名〉で羽柴秀吉に敗れた。(法政) 　賤ヶ岳の戦い

大人として知っておきたいレベル

☐ 2. ◻◻◻〈旧国名〉の生まれである。　尾張

☐ 3. 家紋は◻◻◻である。　二つ雁金紋 <small>ふた かりがねもん</small>

☐ 4. 通称を◻◻◻という。　権六・修理亮

☐ 5. ◻◻◻の重臣として頭角を現した。　織田信長

☐ 6. 妻は、織田信長の妹◻◻◻。　お市

☐ 7. ◻◻◻〈旧国名〉の大名となった。　越前

☐ 8. 拠点は◻◻◻〈地名〉である。　北ノ庄

☐ 9. 信長の子◻◻◻と謀って、羽柴秀吉を討とうとした。　織田信孝

☐ 10. お市は、賤ヶ岳の戦いで自刃 [した・しない]。　自刃した

☐ 11. 滅亡後、北陸の地は◻◻◻が領有した。　前田利家

戦国・近世

こぼれ話

信長の妹お市は、最初、浅井長政のもとに嫁ぎましたが、浅井氏滅亡の際、羽柴秀吉に助けられ、三人の娘とともに清洲城で9年余り過ごします。しかし、1582（天正10）年、信長が本能寺の変で自刃すると、その後行われた清洲会議で、柴田勝家のもとに嫁ぐことが決まります。その翌年、柴田勝家は羽柴秀吉に攻められ、お市も北ノ庄で自害します。享年37。

秀吉に賤ヶ岳の戦いで敗れたということで、明智光秀と同様、悪者として扱われがちな柴田勝家ですが非常に心温まるエピソードもあります。フロイスの『日本報告』によると、賤ヶ岳の戦いで敗北した際、勝家は、離反した家臣に対して一切恨み言をいわなかったそうです。また最後まで自分についてきた家臣たちには、むしろ生き延びることを奨励し、家臣に対して「私を愛してくれたことに対して報いることができず申し訳ない」と嘆いたと記されています。

小早川隆景 （こ ばや かわ たか かげ） (1533 ~ 1597)

学校では五大老としか学ばないが、実は瀬戸内海の暴れ者。

学校で習ったレベル

□ 1. 豊臣政権で、秀吉の ［ ★ ］ に列せられた。   五大老

大人として知っておきたいレベル

□ 2. 父は ［　　　　］ である。   毛利元就

　　➡この人物の ［　　　　］ 男である。   三

□ 3. 幼名を ［🖙　　　］ という。   徳寿丸

□ 4. ［🖙　　　］〈地名〉を拠点に、瀬戸内海に巨大な水軍を編成   三原
　　した。

□ 5. 秀吉の命で、四国に赴き ［　　　　］ を降伏させた。   長宗我部元親

□ 6. ［　　　　］〈戦乱名〉では、明軍を破る大活躍をした。   碧蹄館の戦い（へきていかん）

　　➡この戦いで明将 ［　　　　］ を破った。   李如松

　　➡この戦いは、朝鮮出兵の ［　　　　］〈戦乱名〉の際に起こっ   文禄の役
　　た戦いである。

□ 7. 晩年は養子に家督を譲り、［　　　　］〈地名〉に隠遁した。   三原

□ 8. 養子は、関ヶ原の戦いで西軍から離反した ［　　　　］ で   小早川秀秋
　　ある。

□ 9. 学問を好み ［🖙　　　］ を興した。   名島学校（なじま）

□ 10. 兄の吉川元春とともに ［🖙　　　］ と呼ばれた。   毛利両川

こぼれ話

小早川隆景と黒田官兵衛に関するエピソードを紹介します。隆景は官兵衛に対して次
のようにいったといわれています。「貴殿は頭が良すぎて、すぐに物事を決めてしまう
から、後悔も多いだろう。私は、貴殿ほど頭が良くないので、十分に時間をかけて判
断するから後悔は少ない」。後に官兵衛は隆景の訃報を聞いて「これで日本に賢人は
いなくなった」と嘆いたといわれています。

長宗我部元親 ちょうそかべもとちか (1539 ~ 1599)

四国の覇者になるも秀吉に降伏。関ヶ原の前年に亡くなる。

学校で習ったレベル

- □ 1. ★★★〈旧国名〉の戦国大名である。　　　　　土佐
- □ 2. 1585（天正13）年、★★★ に降伏した。　　豊臣秀吉
- □ 3. 分国法に「 ★★ 」がある。　　　　　　　　長宗我部氏掟書

大人として知っておきたいレベル

- □ 4. 父は ☞ ＿＿＿ である。　　　　　　　　　　長宗我部国親
- □ 5. 国司の ☞ ＿＿＿ 氏を追放して土佐を支配し、のちに四　一条
  国全体を統一した。
- □ 6. 秀吉に降伏後、＿＿＿〈旧国名〉の領有を許された。　土佐
- □ 7. ☞ ＿＿＿ 年に亡くなった。　　　　　　　　　1599
- □ 8. 家督を子の ＿＿＿ に譲った。　　　　　　　　長宗我部盛親
- □ 9. ＿＿＿ の戦いで敗北したため、改易となり所領は没収　関ヶ原の戦い
  された。
- □ 10. 関ヶ原の戦い後、土佐藩主には ＿＿＿ が就任した。　山内一豊

戦国・近世

こぼれ話

長宗我部元親は不倫にとても厳しい武将でした。妻に不倫された家臣は、妻と不倫
相手を殺さなければならないと定めました。もし妻を殺さなかった場合、その家臣は
死刑という徹底ぶりです。それほど不倫は当時許されないものだったのです。

長宗我部元親は、関ヶ原の戦いの前年に亡くなりました。もし、彼が生きて関ヶ原の
采配をふるっていたらと考えると、少しばかり早い死が悔やまれてなりません。

立花宗茂 たち ばな むね しげ (1567〜1642)

立花道雪に見出され活躍。改易になるも見事返り咲く。

教科書には載っていません。

大人として知っておきたいレベル

□ 1. 同年生まれで人気のある戦国大名に ⬚ ・ ⬚ がいる。　　真田幸村、伊達政宗

□ 2. ✎ ⬚ 氏の一族である。　　大友氏

□ 3. 父は、忠義の男として有名であった ✎ ⬚ である。　　高橋 紹 運 たかはししょううん

□ 4. 軍神と呼ばれた ⬚ の養子となった。　　立花道雪

□ 5. 秀吉の九州平定では先鋒を務め、島津氏の ⬚ 〈旧国名〉侵入を防いだ。　　筑前

□ 6. 豊臣秀吉から「西の立花、東の ⬚ 」と称えられた。　　本多（本多忠勝）

□ 7. 九州平定の功績で、 ⬚ 13万石を与えられた。　　柳川

□ 8. 関ヶ原の戦いで西軍に属したため、 ⬚ となった。　　改易

□ 9. 浪人生活中、徳川秀忠に見出され、 ⬚ に1万石を与えられた。　　陸奥棚倉

□ 10. 大坂の役で活躍し、 ⬚ 藩10万9000石の藩祖となった。　　柳川

こぼれ話

関ヶ原の戦いでいったん改易になった大名が、元の領地の藩主となるというのは非常に珍しい例です。立花宗茂の凄いところは、普通なら主君が改易になってしまったら、家臣たちは次の仕官先を探すのですが、家臣たちが様々なところで日銭を稼ぎながら宗茂を支えたというくらい人望があったことです。勝ち馬に乗ることが常識であるとされていた時代に、家臣にそのような決断をさせたところに立花宗茂の大きな魅力を感じるわけです。

上杉景勝 (1555-1623)

上杉家養子として奮闘するも、関ヶ原で敗北。

学校で習ったレベル

☐ 1. 秀吉政権の元で ★★ の一人となった。　五大老

☐ 2. 関ヶ原の戦いでは、★★ と組んで敗北した。　石田三成

大人として知っておきたいレベル

☐ 3. 家紋は、謙信同様 である。　竹に雀

☐ 4. 実父は である。　長尾政景

☐ 5. 同じ養子の と後継者争いをした。　長尾景虎

　➡この戦いを という。　御館の乱

☐ 6. 1598 (慶長3) 年、 の大名となった。　会津

　➡このときの石高は 万石である。　120

☐ 7. の位に就いたため、会津 と呼ばれた。　中納言、会津中納言

☐ 8. 関ヶ原の戦いで、〈旧国名〉 に移された。　出羽、米沢

　➡石高は 万石に減らされた。　30

☐ 9. 大河ドラマ「天地人」では が演じた。　北村一輝

☐ 10. 大河ドラマ「真田丸」では が演じた。　遠藤憲一

戦国・近世

こぼれ話

上杉景勝といえば無口な武将であることで有名です。戦国時代において無口であることは逆にマイナスになる場合がありますが、上杉景勝の場合はこの無口さが威厳を醸し出していたといえます。当時、上杉家に身を寄せていた傾奇者で有名な前田慶次ですら、上杉景勝の前では一切のおふざけをしなかったといわれています。ただこのような景勝も人生で一度だけ人前で笑ったことがあるといわれています。それは飼っていた猿が自分のものまねをしたときです。家臣に指示をするかのような仕草や、頷いたり手を合わせたりする姿が余程面白かったらしく、「ぷっ」っと思わずムッツリ笑いが出てしまったようです。

直江兼続 (1560～1619)

上杉家の重臣。兜に光る「愛」の文字はLOVEではない!?

学校で習ったレベル

学校では習いません。

大人として知っておきたいレベル

□ 1. ☐ 〈旧国名〉に生まれた。 越後

□ 2. 兜の前立てに ☐ の字がある。 愛

　➡この字は ☐ を意味するといわれている。 愛宕権現（愛染明王）

□ 3. 家紋は ☐ である。 三つ盛亀甲に三つ葉

□ 4. 父は ☐ 城主 ☐ である。 与板城主樋口兼豊

□ 5. 最初、☐ に、彼の死後 ☐ に仕えた。 上杉謙信、上杉景勝

□ 6. 上杉景勝が120万石の会津若松城主になると、☐ 30

　万石の ☐ 城主となった。 米沢

□ 7. 関ヶ原の戦いの前、☐ 〈人名〉に無礼な手紙を送っ 徳川家康

　たといわれている。

　➡この手紙を ☐ というが、最近では偽書と解釈す 直江状

　るのが一般的である。

□ 8. ☐ という学問所を創建した。 禅林寺

　➡ここで収集された古典は ☐ と呼ばれる。 禅林文庫

　➡ここで出版された印刷物を ☐ という。 直江版

□ 9. 大河ドラマ「☐」で主役となった。 天地人

　➡このとき直江兼続は ☐ が演じた。 妻夫木聡

　➡この作品の原作者は ☐ である。 火坂雅志

豊臣秀次 (1568 ～ 1595)

とよ とみ ひで つぐ

「殺生関白」は後の創作?! 出家したのに秀吉に殺される。

学校で習ったレベル

☐ 1. 豊臣秀吉の養子となり、秀吉から ★★ を譲られた。

関白

大人として知っておきたいレベル

☐ 2. 母は、秀吉の姉の _____ である。

日秀 (にっしゅう)

☐ 3. 1585 (天正 13) 年の _____ 平定、1590 (天正 18)
年の _____ などで戦功を挙げた。

四国平定

小田原攻め

☐ 4. 秀吉の長男 _____ が亡くなったため、養子に迎えられた。

鶴松

☐ 5. 人を使って刀の試し斬りをしており「関白 _____ 」と
称していた。

千人斬り

☐ 6. _____ 関白と呼ばれた。

殺生

☐ 7. _____ に、禁じられている女性を連れ込み、禁じられている狩りを行なったという逸話がある。

比叡山

☐ 8. _____ が生まれた後、秀吉と不和になった。

豊臣秀頼

☐ 9. _____ に追放され、自害を命じられた。

高野山

戦国・近世

こぼれ話

豊臣秀次は、「殺生関白」と呼ばれ、人殺しを楽しむ残虐な人物とされてきました。秀次は、鉄砲の練習と称して農民を撃ち殺したり、弓矢の稽古と称して人を射たりしたといわれています。また、自らが所持していた数百本の刀を、名刀か否かを判断するため、往来の人を斬り殺すことで確かめていたともいわれています。近年の研究では、彼を後継者にしなかったことの正当性を主張するための創作ではないかといわれています。明智光秀や石田三成など、後世の創作によって悪人に仕立て上げられた歴史上の人物は少なくありません。出家した後、自害を命じられるのは、極めて異例なことで、秀吉が秀頼を後継者にしたかったという執念が感じられます。

伊達政宗 (1567～1636)

奥州の覇者。秀吉・家康すら恐れない独眼竜。

学校で習ったレベル

- [ ] 1. 1590 (天正18) 年、 ★★★ に服従したため、 ★★★ 平定が完成した。

- [ ] 2. 関ヶ原の戦いの結果、 ★★ 藩主となった。

- [ ] 3. 家臣の ★★★ をヨーロッパに派遣した。(中央)

大人として知っておきたいレベル

- [ ] 4. 父は [■?] である。

- [ ] 6. 兜の前立てには [___] があしらわれている。
  - ➡これを [■?] 形という。

- [ ] 7. 旗印は [___] である。

- [ ] 8. 幼名を [___] といった。

- [ ] 9. 片眼を切り落としたとされ [___] と呼ばれる。

- [ ] 10. 1589 (天正17) 年、 [___] 氏を破り、南東北を統一した。

- [ ] 12. 家康から仙台藩 [___] 万石を安堵された。

- [ ] 13. 家臣の [___] は、小早川秀秋にストーカーされたという逸話がある。
  - ➡この人物の父は名軍師の [___] である。

- [ ] 14. 大河ドラマ「独眼竜政宗」では [___] が演じた。

豊臣秀吉
奥州
仙台
支倉常長
伊達輝宗
紺絹地金日の丸軍旗
三日月
弦月形
梵天丸
独眼竜
蘆名
62
片倉小十郎重長
片倉小十郎景綱
渡辺謙

こぼれ話

伊達政宗はグルメな武将として知られています。毎朝2畳もあるトイレにこもって、その日の献立を考えるのが日課でした。ずんだ餅は伊達政宗が考案したという説がありますが、現在では否定されています。

加藤清正 <small>かとうきよまさ</small> (1562 ～ 1611)

虎退治で有名。秀吉の家臣から 52 万石の大大名に。

学校で習ったレベル

☐ 1. 関ヶ原の戦い後 [★] 藩主となった。 熊本

☐ 2. 三男の [　　　] は、熊本藩主を改易になった。 加藤忠広

大人として知っておきたいレベル

☐ 3. 通称を [　　　] という。 虎之助

☐ 4. 幼少より [　　　] に仕えた。 豊臣秀吉

☐ 5. [　　　] の７人のうちの一人である。 賤ヶ岳七本槍

☐ 6. [　　　] 兜で有名である。 長烏帽子形兜

☐ 7. 兜についている家紋は [　　　] である。 蛇の目紋

    ➡ [　　　] 宗を信仰していたため、この家紋を用いてお 日蓮宗

    り、[　　　] という旗も用いた。 題目旗

☐ 8. [　　　] という片刃が折れた槍を用いていた。 片鎌槍

☐ 9. 朝鮮出兵の際 [　　　] 退治を行なった。 虎

☐ 10. 関ヶ原の戦い後、[　　　] 城主となった。 熊本

    ➡このとき [　　　] 万石の大名となった。 52

☐ 11. 熊本城以外にも [　　　]・[　　　] の築城に携わった。 江戸城・名古屋城

☐ 12. 熊本城の石垣は、上に行くにつれて急勾配となる

    「[　　　] の勾配」であった。 扇

    ➡この石積みは敵の侵入を防ぐところから「[　　　]」 武者返し

    と呼ばれた。

こぼれ話

加藤清正は、桔梗紋も用いていました。虎退治の伝説は本当で、黒田官兵衛の子の黒田長政も朝鮮で虎退治をやったという史料が残っています。そのため、秀吉のもとには多くの虎の皮が贈られ、最後の方には「贈らなくてよい」という命令まで出したそうです。

戦国・近世

狩野永徳 _か_{のう}_{えい}_{とく}(1543～1590)

狩野派を代表する絵師。信長が謙信に贈った屏風は圧巻。

学校で習ったレベル

□ 1. 狩野派の画風は、 ★★ と ★★ を融合させたものである。　　　　水墨画、大和絵

□ 2. 襖や屏風に描かれた絵を ★★ 画という。　　障壁画

　　➡このとき用いられた金碧の濃彩画を ★★ という。　　濃絵 _{だみ え}

□ 3. 代表作に『 ★★★ 』『 ★★ 』『　　　　』がある。　　唐獅子図屏風 洛中洛外図屏風 檜図屏風

□ 4. 門弟に、『松鷹図』などで有名な ★★ がいる。　　狩野山楽

□ 5. 孫の ★★ は、江戸幕府の御用絵師となった。　　狩野探幽

大人として知っておきたいレベル

□ 6. 狩野派の　　　代目である。　　4

□ 7. 祖父　　　　の指導を受けた。　　狩野元信

□ 8. 彼の「洛中洛外図屏風」は、　　　　が　　　　に贈ったものである。　　織田信長、上杉謙信

□ 9. 『唐獅子図屏風』は現在、　　　　に所蔵されている。　　宮内庁

□ 10. 『洛中洛外図屏風』は、現在、山形県の　　　　に所蔵されている。　　米沢市上杉博物館

□ 11. 織田信長が安土を訪れた宣教師ヴァリニャーノに贈った『　　　　』は、後に天正遣欧使節によってローマ教皇グレゴリウス 13 世に献納された。　　安土城之図屏風

こぼれ話

ローマ教皇グレゴリウス 13 世は、この屏風絵を非常に気に入り、住居と執務室を結ぶ廊下にこの屏風絵を飾ったといわれています。しかし教皇の死後、この屏風は行方不明となってしまいました。最近、滋賀県や安土町がバチカンに赴いて調査を行ないましたが屏風絵は発見されていません。

千利休 <ruby>千<rt>せんの</rt></ruby><ruby>利<rt>り</rt></ruby><ruby>休<rt>きゅう</rt></ruby> (1522 ～ 1591)

侘び茶を大成。秀吉の怒りを買い自刃を命じられる。

学校で習ったレベル

- [ ] 1. ［　　］の豪商である。 — 堺
- [ ] 2. ［ ★★ ］に茶の湯を学んだ。 — <ruby>武野<rt>たけの</rt></ruby> <ruby>紹鷗<rt>じょうおう</rt></ruby>
- [ ] 3. ［ ★★★ ］を大成させた。 — 侘び茶
- [ ] 4. ［ ★ ］という2畳の茶室をつくった。（京大） — <ruby>妙喜庵待庵<rt>みょうきあんたいあん</rt></ruby>
- [ ] 5. 豊臣秀吉が主宰した ［ ★★ ］という茶会で茶席を開いた。（明治） — 北野大茶湯
- [ ] 6. 高弟に大名で茶人の ［　　］がいる。 — <ruby>古田織部<rt>ふるたおりべ</rt></ruby>

大人として知っておきたいレベル

- [ ] 7. 号を ［　　］という。 — 宗易
- [ ] 8. ［　　］・［　　］とともに三宗匠と呼ばれた。 — 今井宗久・津田宗及
- [ ] 9. ［　　］・［　　］に仕えて、［　　］となった。 — 織田信長・豊臣秀吉 <ruby>御茶頭<rt>おさどう</rt></ruby>
- [ ] 10. 織田信長が安宅船という軍艦を建造した際、［　　］〈色〉塗ったほうがよいと提案した。 — 黒く
- [ ] 11. ［　　］茶室を完成させた。 — 草庵茶室
- [ ] 12. 豊臣秀吉のつくった ［　　］の茶室は、組み立て式で運搬が可能な3畳の茶室であった。 — 黄金の茶室
- [ ] 13. 「茶の湯とはただ ［　　］ し ［　　］ ばかりなることと知るべし」という言葉を残している。 — 湯をわかし、茶を点ててのむ
- [ ] 14. ［　　］の怒りを買い自刃を命じられた。 — 豊臣秀吉
  - ➡ ［　　］の山門に自分の木像を置いたことが、自刃を命じられる理由であった（諸説あり）。 — 大徳寺

戦国・近世

出雲阿国 （いずもの おくに） （生没年不詳）

阿国歌舞伎の創始者で、歌舞伎の始祖とも。

☐ 1. ★★★ を始めた。　　　　　　　　　　　　　　阿国歌舞伎

　　➡この踊りは ★ 踊りの一種である。　　　　　かぶき踊り

　　➡これは ★ 歌舞伎に発展した。　　　　　　　女歌舞伎

☐ 2. ☐ の始祖とされる。　　　　　　　　　　　　歌舞伎

☐ 3. ☐ の巫女であったといわれ、ここの修造のために　出雲大社

　　各地を興行したと伝えられる。

☐ 4. 1603（慶長 8）年、京都 ☐ で念仏踊りを興行し　四条河原

　　て人気を博した。

　　➡この地には現在、歌舞伎を上演できる ☐ があ　南座

　　る。

☐ 5. 阿国歌舞伎とは、女性が ☐ して簡単な筋に沿っ　男装

　　て踊るものであった。

☐ 6. 彼女と歌舞伎を創始したとされる男性に ☐ がい　名古屋山三（郎）

　　る。

　　➡狂言師の ☐ も彼女に協力した。　　　　　　　三九郎（三十郎）

☐ 7. 彼女を描いた絵巻物に『 ☐ 』がある。　　　　阿国歌舞伎絵詞

こぼれ話

歌舞伎というと男性しか舞台に立てないというイメージがあるかもしれませんが、元々
は女性が踊るものでした。しかし遊女が顔見せのために踊ることが多くなり風紀を乱
すという理由で江戸幕府が禁止したのです。現在では歌舞伎が風紀を乱すということ
はありませんし、「男の子に生まれていたら立派な歌舞伎役者になったのに」といわれ
る人も多いです。歌舞伎は進化し続けることによって残った芸能ですから、今後も変
わり続けていくかもしれません。

石田三成 <small>いし だ みつ なり</small> (1560 〜 1600)

関ヶ原に散った秀吉の腹心。最近は評価が上がる。

学校で習ったレベル

□ 1. 豊臣政権で、秀吉の家臣として ★★ となって活躍した。　　　　　　　　　　　　五奉行

□ 2. 関ヶ原の戦いでは ☐ 軍を指揮し、徳川家康方と戦った。　　　　　　　　　　西軍

□ 3. ★★★ で敗れ、斬首された。(成城)　　　　　　　　　　関ヶ原の戦い

大人として知っておきたいレベル

□ 4. 旗印は ☐ である。　　　　　　　　　　大一大万大吉

□ 5. 家紋は ☐ と ☐ である。　　　　　　九曜紋、下がり藤

□ 6. ☐ 〈旧国名〉の生まれである。　　　　　　近江

□ 7. 名を ☐ という。　　　　　　　　　　　　佐吉

□ 8. ☐ 城 19 万石の領主となった。　　　　　佐和山城

□ 9. 秀吉に 3 回に分けて茶を出した逸話は ☐ と呼ばれる。　　　　　　　　　三献茶

□ 10. 茶会の時、らい病であった ☐ の膿が落ちた茶を飲み干し、彼との友情を深めた。　　　大谷吉継

□ 11. 司馬遼太郎原作の映画『関ヶ原』で、石田三成を演じたのは ☐ である。　　　　　岡田准一

戦国・近世

こぼれ話

旗印の「大一大万大吉」は、「だいいちだいまんだいきち」と読みます。「一人が万民のために尽くし、万民が一人のために尽くせば、天下の人々は吉となる」という意味です。三成の信念で、近年三成の評価が上がっている所以でもあります。

宇喜多秀家 (1572 ~ 1655)

57万石の大大名から、八丈島で50年の流罪生活に。

学校で習ったレベル

□ 1. 豊臣政権で ★★★ の一人となった。 | 五大老

大人として知っておきたいレベル

□ 2. 家紋は [　　　] である。 | 剣方喰 (けんかたばみ)

□ 3. 旗印は [　　　] の旧字を用いていた。 | 児

□ 4. 父は [　　　] である。 | 宇喜多直家

□ 5. [　　　] 城57万石の城主であった。 | 岡山城

□ 6. 妻の [　　　] 姫は、豊臣秀吉の養女で、[　　　] の娘 | 豪姫、前田利家
である。

□ 7. 文禄の役では [　　　] 、慶長の役では [　　　] を務め | 大将、軍監（監軍）
た。

□ 8. 関ヶ原の戦いでは [　　　] 軍についた。 | 西軍

□ 9. 関ヶ原の戦いの後 [　　　] 〈旧国名〉に逃れた。 | 薩摩

➡ [　　　] を頼ってこの地に逃れた。 | 島津義弘

➡ [　　　] ・ [　　　] の命乞いによって、死罪は免れ | 島津忠恒・前田利長
た。

□ 10. 1606（慶長11）年、[　　　] に流された。 | 八丈島

➡ この地で [　　　] 年近く過ごし、84歳で亡くなった。 | 50

□ 11. 八丈島では苗字を [　　　] と変えた。 | 浮田

こぼれ話

「宇喜多秀家泳ぎが得意説」があるようですが、これは完全なデマであると考えます。
八丈島に島流しに遭ったという話から、インターネット掲示板「2ちゃんねる」に書か
れたのが最初とのことで、こういう話が数百年経つと本当かウソかわからなくなり伝説
になっていくのだなと思わせます。

小早川秀秋 <small>こ ばや かわ ひで あき</small> (1582 ～ 1602)

関ヶ原の戦いで東軍を勝利に導くが、21歳でアル中に。

学校で習ったレベル

☐ 1. 関ヶ原の戦いで ［　　　］ 軍から離反した。 ── 西軍

大人として知っておきたいレベル

☐ 2. 通称を ［　　　］ という。 ── 金吾

☐ 3. 父の ［　　　］ は、秀吉の正室 ［　　　］ の兄である。 ── 木下家定、高台院（北政所）

☐ 4. 幼少より ［　　　］ の養子となった。 ── 豊臣秀吉

☐ 5. 豊臣秀頼が誕生したため、［　　　］ の養子となった。 ── 小早川隆景

   ➡家紋は養父と異なり ［　　　］ である。 ── 丸に違い鎌紋

☐ 6. ［　　　］ では総大将に任じられた。 ── 慶長の役

   ➡この戦いでの行動が軽率であると秀吉の怒りを買い

   ［　　　］ に移封された。 ── 越前北ノ庄

☐ 7. 関ヶ原の戦いでは ［　　　］ に陣を敷いたが、間もなく東 ── 松尾山
軍に寝返った。

☐ 8. 関ヶ原の戦い後、［　　　］ 藩 ［　　　］ 万石の大名となっ ── 岡山藩、55
たが、2年後に ［　　　］ 歳の若さで亡くなった。 ── 21

☐ 9. 死因は ［　　　］ による内臓疾患といわれている。 ── アルコール依存症

☐ 10. 死後、嗣子がいないため、小早川家は ［　　　］ となった。 ── 改易

こぼれ話

小早川秀秋の死因は、医学的にも非常に興味深いとのことです。確かにアルコール依存症で、肝硬変と思しき症状が出て亡くなったのですが、他の武将と比べて特筆するほど多く飲酒をしていたとはいえないからです。小早川秀秋が亡くなった最大の原因は、未成年時の飲酒といわれています。当時は15歳前後で元服し、それから酒を飲み始めるのが一般的です。未成年で体ができあがっていない状態での飲酒が、早期に病状悪化を招いたとのことです。

戦国・近世

徳川家康 (1542〜1616)

とく がわ いえ やす

ホトトギスが泣くまで待って 260 年の天下を取った男。

学校で習ったレベル

☐ 1. ★★ 〈旧国名〉の戦国大名であった。(高崎経済)　　三河

☐ 2. 織田信長と ★ 同盟を結んだ。　　清洲

☐ 3. ★ 〈戦乱名〉で、羽柴秀吉軍と戦ったが和睦した。　　小牧・長久手の戦い

☐ 4. 関東に移封され ★ 万石の大名となった。　　250

☐ 5. 豊臣政権で ★★ の筆頭となった。　　五大老

☐ 6. 秀吉の死後、★★ 城で実権を握った。　　伏見城

☐ 7. ★★★ 〈戦乱名〉で、石田三成らを破った。(成城)　　関ヶ原の戦い

☐ 8. 1603 (慶長 8) 年、★★★ の宣下を受けた。(中央)　　征夷大将軍

　　➡ この宣下は、★★ が行なった。(上智)　　後陽成天皇

☐ 9. ★★★ 〈地名〉に幕府を開いた。　　江戸

☐ 10. 1605 (慶長 10) 年、子の ★★★ に将軍職を譲った。　　徳川秀忠

　　➡ 将軍職を譲った後は、★★★ として実権を握り、　　大御所

　　　 ★★ に移った。(日大)　　駿府

☐ 11. ★★★ を結んで、朝鮮との国交回復に成功した。　　己酉約条

☐ 12. ★★★ で豊臣氏を滅ぼした。(東海)　　大坂の役

☐ 13. 上洛時の居館として京都に ★★ を造営した。　　二条城

☐ 14. 死後、★★ に祀られた。(國學院)　　日光東照宮

大人として知っておきたいレベル

☐ 15. 家紋は ☐ である。　　三つ葉葵

☐ 16. 馬印は ☐ である。　　厭離穢土・欣求浄土

☐ 17. 父は ☐ である。　　松平広忠

　　➡ 父は ☐ 城主であった。　　岡崎

☐ 18. 元服前は ☐ と名乗った。　　竹千代

□ 19. ＿＿＿＿＿氏の人質として送られる途中、奪われて

　　　＿＿＿＿＿の人質となった。

□ 20. 元服後、＿＿＿＿＿と名乗った。

□ 21. 北条氏政の子の ✎＿＿＿＿＿ は、家康の娘婿であったため

　　　助命され、高野山に追放された。

□ 22. 徳川秀忠は、家康の ✎＿＿＿＿＿ 男である。

□ 23. ＿＿＿＿＿に幕府の碁所を担当させた。

□ 24. 死後、＿＿＿＿＿に葬られ、翌年日光に改葬された

□ 25. 死後、＿＿＿＿＿として祀られた。

□ 26. 死後、✎＿＿＿＿＿天皇から ✎＿＿＿＿＿ を追贈された。

□ 27. 秀吉に「私にとって一番の宝は、＿＿＿＿＿である。」といっ

　　　た。

※これについては正確には「私のために命を賭けてくれる武士500騎」
といったといわれています。自らも耐え忍ぶ武将でしたが、そのような
自分を信じてくれて共に耐え忍んでくれた家臣たちを最も大切にしたと
いうことが分かるエピソードです。

□ 28. 家康が苦渋の表情をしている ＿＿＿＿＿ は、近年では家

　　　康が描かせたものではないことが判明している。

　　　➡ この絵を描かせたのは、尾張徳川家初代当主 ✎＿＿＿＿＿

　　　である説が有力である。

□ 29. ＿＿＿＿＿には、家康が茶店に立ち寄ったとき、きな粉を

　　　砂金に見立てて出したら家康が喜んだという伝承が残っ

　　　ている。

今川
織田信秀
松平元康
北条氏直
三
本因坊算砂
久能山
東照大権現
後水尾天皇、正一位
家臣
しかみ像
徳川義直
安倍川餅

101

山内一豊 (1546 ～ 1605)

やま うち かず とよ

土佐藩祖。馬揃えの話は内助の功として有名。

学校で習ったレベル

学校では習いません。

大人として知っておきたいレベル

☐ 1. _____〈旧国名〉の生まれである。　　　　　　尾張

☐ 2. _____藩の藩祖である。　　　　　　　　　　土佐藩

☐ 3. 家紋は _____ である。　　　　　　　　　　三つ柏

☐ 4. 最初、_____ に仕え、姉川の戦いで戦功を挙げた。　織田信長

☐ 5. _____ の馬揃えにあたって、妻は _____ の裏から　織田信長、鏡

黄金 _____ 両を出して、一豊に名馬を買わせ、夫を　10両

出世させたという逸話がある。

　➡妻の名は _____ という。　　　　　　　　　まつ（千代）

☐ 6. その後、豊臣秀吉、_____ に仕えた。　　　　豊臣秀次

☐ 7. 小田原征伐の功績で _____〈旧国名〉_____ 5万石の　遠江、掛川

大名となった。

☐ 8. 関ヶ原の戦いで東軍に属し、土佐 _____ 万石の大名　25万石

となった。

　➡このとき _____ 城を築いた。　　　　　　　高知城

☐ 9. 2006 年の大河ドラマ「功名が辻」では、一豊を

_____ が、まつを _____ が演じた。　　　上川隆也、
　　　　　　　　　　　　　　　　　　　　　　　　仲間由紀恵

こぼれ話

設問5で、妻まつはなぜそんなにお金を持っていたのでしょうか。当時の女性は嫁入りの際、自分の財産である持参金を持っていく習慣があったのです。だからこそ、あのようなことが可能だったわけです。

井伊直政 （1561～1602）

おんな城主直虎に育てられ、徳川四天王にまで成長した。

学校で習ったレベル

学校では習いません。

大人として知っておきたいレベル

- [ ] 1. 徳川 [____] の一人である。 — 徳川四天王
- [ ] 2. 「井伊の [____] 」と恐れられた。 — 赤鬼
- [ ] 3. 具足は「彦根の [____] 」と呼ばれた。 — 赤備
- [ ] 4. 定紋は [____] 、替紋は [____] である。 — 彦根橘、井桁
- [ ] 5. 国人領主 [____] の養子となった。 — 井伊直虎
    - ➡この人物は [____] 〈地名〉を治めていた。 — 井伊谷
- [ ] 6. その後、[____] の家臣となった。 — 徳川家康
- [ ] 7. 関ヶ原の戦いの功で、[____]〈旧国名〉[____] 城 18 — 近江、佐和山城
    万石の城主となった。
    - ➡この城は、元は [____] が城主であった。 — 石田三成
- [ ] 8. 彦根城は、子の [____] が築城した。 — 井伊直勝（直継）
- [ ] 9. 徳川四天王は、井伊直政・[____]・[____]・ — 酒井忠次・本多忠勝・
    [____] の４名である。 — 榊原康政
- [ ] 10. 大河ドラマ「おんな城主直虎」では、井伊直虎を
    [____] 、井伊直政を [____] が演じた。 — 柴崎コウ、菅田将暉

こぼれ話

大河ドラマ「おんな城主 直虎」で登場する井伊直虎の存在は、同時代の史料では書状一通でしか確認されていません。江戸時代にまとめられた『井伊家伝記』には記されているのですが、直虎の実在については今でも議論が分かれています。ただ、戦国時代は意外と女性の力が強かったことは間違いないので、「おんな城主」のような話があっても強ちウソとはいえないのです。

真田幸村 <ruby>真<rt>さな</rt></ruby><ruby>田<rt>だ</rt></ruby><ruby>幸<rt>ゆき</rt></ruby><ruby>村<rt>むら</rt></ruby> (1567〜1615)

今でも英雄として名を残す！　家康を最後まで苦しめた男。

学校で習ったレベル

なんと！　教科書に載っていません。

大人として知っておきたいレベル

□ 1. 家紋は [＿＿＿] である。　　　　　　　　　　　　　　　　六文銭

　　➡この家紋は [＿＿＿] の渡し賃に由来する。　　　　　　三途の川

□ 2. 父は [＿＿＿]、祖父は [＿＿＿] である。　　　　　　　真田昌幸、真田幸隆

□ 3. 父は [＿＿＿] 氏に仕えていた。　　　　　　　　　　　　武田氏

□ 4. 名を [＿＿＿] という。　　　　　　　　　　　　　　　　信繁

□ 5. 1585（天正13）年、[＿＿＿] の人質となり、その後　　上杉景勝、豊臣秀吉
　　 [＿＿＿] の人質となった。

□ 6. 関ヶ原の戦いでは、父とともに [＿＿＿] の大軍を　　　徳川秀忠
　　 [＿＿＿]〈旧国名〉[＿＿＿] で阻止した。　　　　　　　信濃、上田

□ 7. 関ヶ原の戦い後、父と [＿＿＿] に蟄居した。　　　　　　九度山
　　➡これは兄で初代 [＿＿＿] 藩主の [＿＿＿] の助命嘆願　　上田、真田信之
　　によるものである。

□ 8. 大坂冬の陣では、[＿＿＿] を築いて東軍を悩ました。　　真田丸

□ 9. [＿＿＿] で戦死した。　　　　　　　　　　　　　　　　大坂夏の陣

□ 10. 大河ドラマ「真田丸」では [＿＿＿] が演じた。　　　　堺雅人

こぼれ話

真田幸村は、大坂夏の陣で豊臣方の武将として、徳川家康の本陣まで攻め込んだ勇猛な武将ということで、軍記物や講談に記されるようになります。江戸幕府が滅び明治時代になると、講談文庫本の流行に伴い、幸村とその家臣である真田十勇士が、家康と果敢に闘う勇士のように描かれ、人々に広く知られるようになったのです。

福島正則 (1561～1624)

ふく しま まさ のり

秀吉の腹心。関ヶ原で東軍を勝利に導くも改易となる。

学校で習ったレベル

☐ 1. ★★★ で東軍を勝利に導いた。　関ヶ原の戦い

→その結果 ★ 〈旧国名〉 ★ 城主となった。　安芸、広島

☐ 2. ★ を勝手に修理したことで改易となった。　広島城

大人として知っておきたいレベル

☐ 3. 〈旧国名〉の生まれである。　尾張

☐ 4. 幼少より に仕えた。　豊臣秀吉

☐ 5. 武勇に優れ の筆頭となって活躍した。　賤ヶ岳七本槍

☐ 6. 1587（天正15）年、 〈旧国名〉 の11
万石の城主となった。　伊予、今治

☐ 7. 1595（文禄4）年、 〈旧国名〉 の24万
石の城主となった。　尾張、清洲

☐ 8. 関ヶ原の戦いの前に行なわれた の評定で積極
的に発言し、豊臣方武将を家康側につけた。　小山

☐ 9. 関ヶ原の戦いでは徳川方の を務めた。　先鋒

☐ 10. 黒田長政の家臣 に、 という槍を奪わ
れた。　母里太兵衛、日本号

※元々、天皇の槍だったが、足利義昭→織田信長→豊臣秀吉の手に渡
り、福島正則のものとなった日本三大槍の一つです。

戦国・近世

こぼれ話

設問10は、黒田節の「酒は飲め飲め飲むならば、日の本一の此の槍を、飲みとるほ
どに飲むならば これぞまことの 黒田武士」の歌詞の元となるエピソードです。黒田長
政の家臣母里太兵衛は、福島正則から酒を勧められますが、正則の酒癖が悪いと聞
いていた太兵衛は断ります。正則が「酒を飲んだら何でもあげる」というと、「それで
は日本号をください」といって酒を飲み干し、日本号を手に入れたのです。

前田利家 (1538〜1599)
まえ　だ　とし　いえ

加賀 100 万石の藩祖。関ヶ原の直前に亡くなる。

学校で習ったレベル

☐ 1. ★★★ 藩の藩祖である。　　　　　　　　加賀

☐ 2. 豊臣政権では ★★ の一人であった。　　五大老

大人として知っておきたいレベル

☐ 3. 〈旧国名〉の出身である。　　　　　　　　尾張

☐ 4. 家紋は である。　　　　　　　　　　加賀梅鉢

☐ 5. の形をした兜をかぶった。　　　　　　烏帽子

☐ 6. 幼名を 🖊 という。　　　　　　　　　犬千代

☐ 7. 幼少より に仕えた。　　　　　　　　織田信長

☐ 8. 正妻は である。　　　　　　　　　　まつ（芳春院）

☐ 9. 正妻との間に 人の実子がいた。　　　11

☐ 10. の名手で、 という異名があった。　槍、槍の又左

　　➡ 19 歳の時、顔に 🖊 が刺さったまま、相手を槍　矢

　　で倒したという逸話がある。

☐ 11. 賤ヶ岳の戦いでは 側についた。　　　柴田勝家

☐ 12. 秀吉の死後は を補佐した。　　　　　豊臣秀頼

☐ 13. 夫の死後、妻のまつは、家康の疑いを晴らすため、江

　　戸で 年間も人質生活を送った。　　　14

☐ 14. 家臣で、兄の後妻の子に、かぶき者の がいる。　前田慶次

こぼれ話

前田利家の死後、前田家は徳川家康から謀反の嫌疑がかけられました。そのとき、利家の妻のまつは、嫌疑を晴らすため、自ら人質となって江戸に下って、14 年間も江戸で過ごしました。このエピソードから、内助の功の代表として前田利家の妻が描かれているのです。

藤堂高虎 (1556 ~ 1630)

とう どう たか とら

築城の名手。大谷吉継と真田幸村から家康を救った男。

学校で習ったレベル

学校では習いません。

大人として知っておきたいレベル

☐ 1. ◻◻◻◻◻〈旧国名〉の生まれである。 　　近江

☐ 2. 15 歳の時、◻◻◻◻◻ に仕え、姉川の戦いなどで戦功を 　　浅井長政
挙げた。

☐ 3. その後、信長の甥の 、秀吉の異父弟である 　　織田信澄
◻◻◻◻◻ などに仕えた。 　　豊臣秀長

☐ 4. 豊臣秀長の没後、剃髪し ◻◻◻◻◻ に上った。 　　高野山

☐ 5. ◻◻◻◻◻ に請われ直臣となり、◻◻◻◻◻ 7 万石を与えら 　　豊臣秀吉、伊予
れ、◻◻◻◻◻ 城主となった。 　　宇和島城

☐ 6. 慶長の役の  の戦いで朝鮮水軍を全滅させた。 　　巨済島の戦い

☐ 7. 関ヶ原の戦いでは、◻◻◻◻◻ を監視し、寝返った彼とと 　　小早川秀秋
もに ◻◻◻◻◻ を討った。 　　大谷吉継

☐ 8. 築城の名手で、◻◻◻◻◻ の縄張りを、徳川秀忠とともに 　　二条城
行なった。

☐ 9. 家康は臨終の際、「国家の大事のときには、一の先手は
◻◻◻◻◻、二の先手は ◻◻◻◻◻ 」と言い残した。 　　藤堂高虎、井伊直孝

☐ 10. ◻◻◻◻◻ ・ ◻◻◻◻◻ 32 万石の大名となった。 　　伊勢・伊賀

☐ 11. 徳川家康から「死後も私に仕えてほしいが、宗旨が違
うからあの世では別々だなあ」と嘆いたので、即座に
 宗から、家康の ◻◻◻◻◻ 宗に改宗したといわ 　　日蓮宗、天台宗
れる。

島津義弘 (1535〜1619)

しま　づ　よし　ひろ

関ヶ原の戦いで西軍として最後まで奮戦！

学校で習ったレベル

学校では習いません。

大人として知っておきたいレベル

☐ 1. 武勇の誉れ高く、[　　　　]と呼ばれた。	鬼島津
☐ 2. 父は[　　　　]である。	島津貴久
☐ 3. 兄の[　　　　]とともに九州をほぼ平定した。	島津義久
☐ 4. 高城で[　　　　]軍を壊滅させる活躍をした。	大友
☐ 5. 豊臣秀吉の[　　　　]平定後、兄に代わって島津家の当主となったといわれている。	九州
☐ 6. 秀吉から[　　　　]〈旧国名〉一国を安堵された。	大隅国
☐ 7. 朝鮮出兵の[　　　　]では、わずかの兵で朝鮮の大軍を打ち破った。	泗川合戦
☐ 8. 朝鮮出兵後、子の[　　　　]に家督を相続させたといわれている。	島津忠恒（家久）
☐ 9. 関ヶ原の戦いで、[　　　　]の軍勢に対して敵中突破を敢行した。	徳川家康

こぼれ話

島津家の家督は、当初、義久→弟の義弘→義弘の子の忠恒（家久）に譲られたとされていましたが、最近発見された史料から、義久から忠恒に直接家督が相続されたのではないかといわれるようになりました。しかしながら島津義弘の薩摩藩に対する功績は大きく、島津義弘の威光は衰えるものではありません。コラムでもよいのでこのような武将たちが取り上げられると教科書も面白くなるのではと思います。

宮本武蔵 (1584～1645)

みや もと むさし

二天一流の祖。無敗の剣豪であり、水墨画もたしなむ。

学校で習ったレベル

☐ 1. 昭和初期、小説家の ★★ が『宮本武蔵』を朝日新聞に連載し大ヒットとなった。(同志社) 　　吉川英治

大人として知っておきたいレベル

☐ 2. ＿＿＿＿、もしくは ✎ 〈旧国名〉の生まれといわれる。 　　美作、播磨

☐ 3. 号は ＿＿＿＿ である。 　　二天

☐ 4. ＿＿＿＿ 流を案出し、＿＿＿＿ 流の祖となった。 　　二刀流、二天一流

☐ 5. 約 ＿＿＿＿ 回の剣術試合で無敗を誇った。 　　60

☐ 6. 1612 (慶長17) 年、巌流島で ＿＿＿＿ と試合し、敗死させた。 　　佐々木小次郎

➡ この人物は ＿＿＿＿ の剣法を創案した。 　　燕返し

➡ 「巌流」はこの人物の剣術の一派で、試合が行なわれた島の実際の名は ✎ ＿＿＿ 島である。 　　船島

☐ 7. 京都の一大剣術流派の当主であった ✎ ＿＿＿＿ を破った。 　　吉岡清十郎

☐ 8. 『 ＿＿＿＿ 』という兵法書を著した。 　　五輪書

☐ 9. 晩年は ＿＿＿＿ 藩主 ✎ ＿＿＿ に仕えた。 　　肥後、細川忠利

☐ 10. ＿＿＿＿ 画家でもあり、「枯木鳴鵙図」などの作品を残している。 　　水墨

☐ 11. 日活では ＿＿＿＿、東映では ＿＿＿＿、戦後の東宝では ＿＿＿＿ が一貫して宮本武蔵を演じた。 　　片岡千恵蔵、中村 (萬屋) 錦之助、三船敏郎

※各映画会社とも宮本武蔵は一人の俳優に独占して演じさせていました。

109

支倉常長 (1571 ~ 1622)
はせ くら つね なが

鎖国直前、メキシコとの貿易と宣教使の派遣を求めた。

学校で習ったレベル

☐ 1. 仙台藩主 **★★★** の命で、 **★** 〈国名〉に派遣された。 — 伊達政宗、スペイン

➡ この人物は、 **★** 〈国名〉と直接貿易しようとしていたが目的は果たせなかった。 — メキシコ

➡ この使節を **★** という。 — 慶長遣欧使節

大人として知っておきたいレベル

☐ 2. ☐ 藩士である。 — 仙台

☐ 3. 通称を ✓☐ という。 — 六右衛門

☐ 4. ☐ に従軍して、伊達政宗の信任を得た。 — 文禄の役

☐ 5. フランシスコ会宣教師 ✓☐ とヨーロッパに赴いた。 — ソテロ

☐ 6. この使節は ☐ 〈地名〉から出帆した。 — 月の浦

☐ 7. スペイン国王 ☐ に政宗の書を渡した。 — フェリペ三世

➡ この書にはメキシコとの貿易と ✓☐ の創設を求める内容が記されていた。 — 奥州司教区

☐ 8. スペインで洗礼を受け、洗礼名は ✓☐ である。 — ドン・フェリペ・フランシスコ

☐ 9. ローマで教皇 ✓☐ に謁見した。 — パウロ五世

☐ 10. このとき、ローマの ☐ を得た。 — 市民権

☐ 11. 日本人で最初に ☐ を食べた人物といわれている。 — チョコレート

こぼれ話

支倉常長は、スペインで日本人として最初にチョコレートを食べた人物といわれています。しかし当時のチョコレートは固形ではなく液体であったため、支倉常長の食べたものはチョコレートドリンクのようなものであったと想像できます。

天草四郎時貞 あまくさしろうときさだ （1621 ～ 1638）

わずか16歳で3万の軍勢を率いて闘ったキリシタン。

学校で習ったレベル

☐ 1. ★★★ 〈戦乱名〉の首領となった。(津田塾) … 島原の乱

➡ ★★ 跡に立てこもった。(立命館) … 原城跡

☐ 2. 当時の天草領主は ★ 氏、島原領主は ★ 氏 である。(日大) … 寺沢氏、松倉氏

☐ 3. 元々、天草島は ★ 、島原半島は ★ といずれもキリシタン大名の領地であった。 … 小西行長、有馬晴信

☐ 4. 当初、 が乱の鎮圧を指揮したが、戦死した。 … 板倉重昌

☐ 5. 老中 ★★ が鎮圧した。(学習院) … 松平信綱

大人として知っておきたいレベル

☐ 6. 本名を という。 … 益田時貞

☐ 7. 洗礼名は といわれている。 … ジェロニモ

➡ 島原の乱の時に洗礼名は に変わっている。 … フランシスコ

☐ 8. 父は の家臣といわれている。 … 小西行長

☐ 9. 幼い頃、 〈旧国名〉で小姓を務めていたといわれている。 … 肥後

☐ 10. 原城跡に 日あまり籠城した。 … 90

☐ 11. わずか 歳で殺され、さらし首にさせられた。 … 16 (17歳説もアリ)

戦国・近世

こぼれ話

天草四郎時貞には様々な伝説が残されています。「盲目の少女の目に触れたら、たちまち目が見えるようになった」「島原と天草の間にある湯島という離島まで海上を歩いて渡った」「豊臣秀頼（豊臣秀吉の息子）の落とし子である」といったもので、そのような伝説によって人々から支持されるようになったのでしょう。

山田長政 <ruby>山<rt>やま</rt></ruby><ruby>田<rt>だ</rt></ruby><ruby>長<rt>なが</rt></ruby><ruby>政<rt>まさ</rt></ruby> （?～1630)

リゴール大守は実は左遷。ホントはもっとスゴい人！

学校で習ったレベル

☐ 1. ┃ ★ ┃〈地名〉の出身である。 駿府

☐ 2. 日本人が自治制をしいた町を ┃ ★★★ ┃ という。(青学) 日本町

   ➡ ┃ ★★ ┃ にあったこの町の長であった。(東洋) アユタヤ

☐ 3. 後に、┃ ★ ┃〈地域名〉の ┃ ★ ┃（長官のこと）となっ リゴール、太守
たが殺された。

☐ 4. 当時のタイは ┃　　　┃ 朝であった。 アユタヤ**朝**

大人として知っておきたいレベル

☐ 5. 通称を ┃　　　┃ という。 仁左衛門

☐ 6. 沼津藩に仕え、┃　　　┃ をしていた。 六尺（駕籠かき）

☐ 7. 当時、タイは ┃　　　┃ と呼ばれていた。 シャム

☐ 8. シャムに渡った後、日本人の ┃　　　┃ に加わることで頭 傭兵部隊
角を現した。

☐ 9. シャムの内乱を平定し、国王 ┃　　　┃ 王の信任を得た。 ソンタム

   ➡国王から最高の官爵である ┃　　　┃ が贈られた。 オヤ・セナピモク

☐ 10. 王の死後、王子と王の弟による王位継承争いが起こり、
┃　　　┃ を擁立した。 王子

☐ 11. 王子派の実力者で、亡くなった王のいとこである ┃　　　┃ オーヤ・カラホム
の陰謀でリゴール大守に左遷された。

☐ 12. ┃　　　┃ の密命で毒殺されたとされる。 オーヤ・カラホム

☐ 13. 1915（大正4）年、従四位が追贈され、1938（昭和
13）年、アユタヤ日本人町跡地に山田長政を祭神とす
る ┃　　　┃ 神社が建立された。 山田長政**神社**

徳川家光 (1604 ～ 1651 在職 1623 ～ 1651)

3代将軍。生まれながらの将軍として幕政を固める。

戦国・近世

学校で習ったレベル

☐ 1. 江戸幕府 ★★★ 代将軍である。 ……… 3代将軍

☐ 2. 大名の ★★★ を制度化するなど、幕府の政治体制を ……… 参勤交代
確立した。(共立女子)

☐ 3. 大名に ★★ 石積み以上の船の建造を禁じた。(早大) ……… 500

☐ 4. オランダ人を ★★★ に移住させるなど、いわゆる鎖国 ……… 出島
政策を推進した。(立教)

☐ 5. 肥後の外様大名 ★ 氏を処分した。(高崎経済) ……… 加藤氏

　※改易されたのは加藤清正の子の加藤忠広です。

大人として知っておきたいレベル

☐ 6. 徳川秀忠の 🖊 男である。 ……… 次男

☐ 7. 幼名を ☐☐☐ という。 ……… 竹千代

☐ 8. 乳母に ☐☐☐ がいる。 ……… 春日局

　※家光が将軍になったのをきっかけに多くの公務を取り仕切るようになり、家光の側近を次々と大奥に入れることで、大奥の制度を確立しました。

☐ 9. 将軍の代替わりにあたり 🖊 万余りの軍勢を率いて ……… 30万
上洛し、将軍の権威を誇示した。

☐ 10. 諡号を 🖊 という。 ……… 大猷院

こぼれ話

「鎖国という言葉が教科書から消える?」という話を聞いたことがある人も多いと思います。当時は、長崎で清とオランダ、朝鮮とは通信使の往来や対馬藩との貿易、薩摩藩の琉球征服、松前藩のアイヌとの交易と、まったくの鎖国状態とはいえないので、本書でも「いわゆる鎖国」と記しているのです。

徳川綱吉 (とくがわつなよし) (1646～1709　在職 1680～1709)

犬公方。生類憐みの令は実は良い法令！

学校で習ったレベル

☐ 1. 江戸幕府 ★★★ 代将軍である。 — 5代将軍

☐ 2. 父は ★★ 、母は ★ である。(早大) — 徳川家光、桂昌院

☐ 3. 大老 ★★ を重んじた。(法政) — 堀田正俊

☐ 4. 湯島に ★★ を移築した。(明治) — 聖堂

☐ 5. 加賀前田家に仕えていた儒学者 ★★ を登用した。 — 木下順庵

☐ 6. 大老の死後、★★★ を大学頭に任じた。(関西学院) — 林鳳岡 (信篤)

☐ 7. ★★ を歌学方、★★ を天文方に任じた。(國學院) — 北村季吟、渋川春海 (安井算哲)

☐ 8. 動物の殺生を禁じた ★★★ を出した。(京産) — 生類憐みの令

☐ 9. 忌引きの日数を定める ★ を出した。(関大) — 服忌令 (ぶっきれい)

☐ 10. ★ 祭や ★ 祭りを再興した。(関大) — 大嘗祭、葵祭り

☐ 11. 財政難だったので ★★★ 小判という金の含有量の少ない小判を発行したためインフレとなった。(関大) — 元禄小判

☐ 12. 側用人政治行なうようになり、最初に ☐ 、続いて ★★★ を側用人に登用した。 — 牧野成貞、柳沢吉保

大人として知っておきたいレベル

☐ 13. 幼名を ☐ という。 — 徳松

☐ 14. ☐ 公方と呼ばれた。 — 犬公方

☐ 15. ☐ 25万石の領主であった。 — 上野館林

こぼれ話

最近の研究では、生類憐みの令は、戦国時代から続く「命を軽んじる」考えをやめさせようと思って出されたものという解釈に変わってきています。ただ、それを実施する役人が行きすぎた行動を起こしたこともあり、後に悪法といわれるようになったようです。

大石内蔵助 (1659 〜 1703)
おお いし くらの すけ

四十七士を率いて吉良邸に討ち入りした。

学校で習ったレベル

□ 1. 名は ★ で、内蔵助は通称である。　　　　　　　　大石良雄

□ 2. ★★ 事件で討ち入りを行なった。　　　　　　　　　赤穂事件

　　➡事件のきっかけは、赤穂藩主が、江戸城で ★★ 　　吉良義央

　　を斬りつけたことである。

□ 3. 赤穂藩主 ★ は、切腹となった。　　　　　　　　　浅野長矩

□ 4. 吉良義央は、朝廷に関する儀式を管轄する ★ と　　高家

　　いう家柄であった。(早大)

□ 5. 赤穂事件は、『 ★★★ 』という歌舞伎作品になった。　仮名手本忠臣蔵

　　➡作者は ★★ である。(関学)　　　　　　　　　　　竹田出雲

大人として知っておきたいレベル

□ 6. ＿＿＿藩の＿＿＿職にあった。　　　　　　　　　　赤穂藩、家老

□ 7. 歌舞伎では＿＿＿という名で登場する。　　　　　　　大星由良之助

　　➡浅野長矩は＿＿＿という名で登場する。　　　　　　　塩冶判官

　　➡吉良義央は＿＿＿という名で登場する。　　　　　　　高師直

□ 8. 大石内蔵助ら四十七士は＿＿＿に葬られている。　　　泉岳寺

こぼれ話

江戸時代は、実際に幕府であった出来事を歌舞伎などで上演できなかったため、『仮名手本忠臣蔵』は室町時代に起こった出来事という設定になっています。そのため、吉良義央が高師直という名で登場しているのです。

115

新井白石 <ruby>新<rt>あら</rt></ruby><ruby>井<rt>い</rt></ruby><ruby>白<rt>はく</rt></ruby><ruby>石<rt>せき</rt></ruby> (1657 ~ 1725)

江戸時代中期の朱子学者。正徳の治を指導した。

学校で習ったレベル

☐ 1. 　★★　 の門人であった。(成城) 　　　　　　　木下順庵

☐ 2. 6代将軍 　★★★　、7代将軍 　★★★　 に登用された。　　　徳川家宣、徳川家継

☐ 3. 側用人 　★★★　 とともに 　★★★　 と呼ばれる政治を行　　　間部詮房、正徳の治
　　なった。(中央)

☐ 4. 　★★★　 家の創設を建議した。(学習院)　　　　　閑院宮家

☐ 5. 　★★★　 の待遇簡素化を建議した。(明治)　　　　朝鮮通信使

☐ 6. 　★★★　 小判という良質の小判を発行した。(京大)　　正徳小判

☐ 7. 『　★★★　』という歴史論を著した。(上智)　　　　読史余論

☐ 8. 『　★★　』という日本書紀の注釈書を著した。(明学)　　古史通

☐ 9. 『　★★　』という自伝を著した。(関学)　　　　折たく柴の記

☐ 10. 藩の系譜である『　★　』を著した。　　　　　藩翰譜 (はんかんぷ)

☐ 11. 屋久島に潜入したイタリア人宣教使 　★★　 を尋問して、　　シドッチ
　　『　★★　』『　★★　』を著した。(上智)　　　采覧異言、西洋紀聞 (さいらんいげん)

大人として知っておきたいレベル

☐ 12. 木下順庵の家塾である 　　　　　 の門人である。　　　木門 (もくもん)

☐ 13. 名は 　　　　　 と結構かわいい。　　　　　　君美 (きんみ)

☐ 14. 通称は 　　　　　 である。　　　　　　　　勘解由

☐ 15. 『　　　　　』という語源研究書を著した。　　　　東雅

こぼれ話

新井白石の師にあたる木下順庵は、加賀藩主前田綱紀に仕えていました。白石は優
秀だったので、師に続いて加賀に行く話が出ましたが、同じく順庵に仕えていた岡島
忠四郎から「私には加賀に年老いた母がいる」といわれ、加賀行きを譲ったのです。

徳川光圀 (1628〜1700)

とく がわ みつ くに

黄門様。鎌倉にしか行ってないし、ラーメンも日本初でない。

学校で習ったレベル

☐ 1. ★★ 藩主である。 — 水戸

☐ 2. 明から亡命した儒学者 ★★ を登用した。 — 朱舜水

☐ 3.『 ★★★ 』という歴史書の編さんを行なった。(明治) — 大日本史

   ➡江戸藩邸内の ★ で編さんされた。(明治) — 彰考館

☐ 4. 彼の事業は ★★ 学の形成につながった。 — 水戸学

大人として知っておきたいレベル

☐ 5. 黄門と呼ばれた理由は、彼が権 〈職名〉であり、 — 中納言

   その唐名を黄門というためである。

☐ 6. 父は初代水戸藩主 である。 — 徳川頼房

☐ 7.『大日本史』は、 年間に完成した。 — 明治年間

☐ 8. を日本で最初に食べたとされていたが、2017 — ラーメン

   年に彼より200年前に食べた人がいたことがわかった。

☐ 9. 実際は、水戸と江戸と  を訪れたくらいである。 — 鎌倉

☐ 10. 光圀が亡くなると「天が下 二つの宝つきはてぬ — 佐渡

   の 水戸の黄門」という狂歌が流行った。 — 金山

☐ 11. 講談『 』で現在の水戸黄門像が完成した。 — 水戸黄門漫遊記

☐ 12. TVドラマTBS『ナショナル劇場水戸黄門』で黄門

   様を演じた人を順に並べると → → — 東野英治郎、西村晃、佐野浅夫、石坂浩二、里見浩太朗

   → → である。

戦国・近世

117

中江藤樹 (1608 ～ 1648)

近江聖人。戦前は誰もが知っていた偉人。

学校で習ったレベル

☐ 1. 日本の ★★★ 学の祖とされる。

　➡ ★ 〈漢字4字〉の考えに傾倒した。(青学)

☐ 2. ★★ 〈漢字4字〉と呼ばれた。

☐ 3. 郷里の近江小川村に ★ という塾を開いた。

☐ 4. 門人に幕政批判を行なった ★★ がいる。(関大)

☐ 5. 著書に『 ★ 』などがある。

陽明学

知行合一

近江聖人

藤樹書院

熊沢蕃山

翁問答

大人として知っておきたいレベル

☐ 6. _____〈旧国名〉の人である。

☐ 7. 11歳の時、『大学』の「_____ ヲ修ムルヲ以テ _____ ト為ス」の言葉に感動して学問を志した。

☐ 8. 15歳で祖父が亡くなると、伊予国 _____ 藩に仕えた。

☐ 9. 学の核心は博学洽聞ではなく、心と行為の正しさを得るにあるとの _____ 重視の見地に至り、朱子学に疑問を持ち始めた。※その後、33歳の時に陽明学に出会い、傾倒した。

☐ 10. 27歳のとき、郷里の母の元に戻りたいと願い出たが許されなかったため、脱藩して郷里 _____ 村に帰った。

☐ 11. 屋敷に _____ があったことから藤樹先生と呼ばれた。

☐ 12.「_____ の恩徳は天よりも高く、海よりも深し」という言葉を残した。

☐ 13.「それ _____ は心の汚れを清め、身の行ないを良くするを以て本実とす」という言葉を残した。

近江

身

本

大洲

徳行

小川村

藤の大木

父母

学問

118

近松門左衛門 (1653 ～ 1724)

ちかまつもんざえもん

日本のシェークスピア。現代にも通用する作品を残す。

学校で習ったレベル

- ☐ 1. 当時の世相を題材とした ★★ 物や、歴史的事項を
  扱った ★★ 物の作品を多く残した。(立教)

- ☐ 2. 世話物の代表作に、『 ★★ 』『 ★★ 』『 ★ 』
  などがある。　※教科書に載っているもの。

- ☐ 3. 時代物の代表作は『 ★★ 』である。(東海)

- ☐ 4. 人形遣い ★ は、彼の作品の多くを演じた。(関大)

- ☐ 5. ★★ は、彼の作品を多く語った。(埼玉大)

  ➡この人物の独特の節回しを ★★ 節という。

- ☐ 6. 歌舞伎役者の ★★ は、彼の作品を多く演じた。

大人として知っておきたいレベル

- ☐ 7. 　　　〈身分〉の出身であった。

- ☐ 8. 本名を 　　　 という。

- ☐ 9.『曽根崎心中』は、主人の金を奪われた 　　　 が遊
  女 　　　 と心中する話である。

- ☐ 10.『冥途の飛脚』は、飛脚問屋の 　　　 が、公金で遊
  女 　　　 を身請けして駆け落ちに失敗する話である。

- ☐ 11.『心中天網島』は、　　　 が、身請けに失敗した遊女
  　　　 と心中する話である。

- ☐ 12. 3 代目 　　　 は、近松の作品に心酔し 4 代目坂田藤
  十郎を襲名した。

世話物

時代物

曽根崎心中、冥途の
飛脚、心中天網島

国性（姓）爺合戦

辰松八郎兵衛

竹本義太夫

義太夫節

坂田藤十郎

武士

杉森信盛

徳兵衛

お初

忠兵衛

梅川

治兵衛

小春

中村鴈治郎

戦国・近世

松尾芭蕉（1644～1694）

俳諧を芸術にまで高める。伊賀出身で忍者という都市伝説あり。

学校で習ったレベル

□ 1. ★★★ 俳諧を確立した。 | 蕉風**俳諧**

□ 2. 『 ★★★ 』は、東北・北陸に至る紀行文である。（学習院） | おくの細道

□ 3. 『 ★★ 』は、関西・明石に至る紀行文である。（関大） | 笈の小文

□ 4. 『 ★ 』は、芭蕉やその一門の句集である。（上智） | 猿蓑

□ 5. 『 ★ 』は、芭蕉の最初の俳諧紀行文で、大和・山城方面に至る様子を記している。 | 野ざらし紀行

大人として知っておきたいレベル

□ 6. 『おくの細道』で、同行した門弟は 〔　　〕 である。 | 河合曽良

□ 7. 〔　　〕〈旧国名〉の生まれである。 | 伊賀

□ 8. 仮名書きで署名する際は 〔　　〕 と記した。 | はせを

□ 9. 俳諧を学ぶきっかけは、〔　　〕 藩の近習となったことである。 | 藤堂（津）**藩**

□ 10. 京都では 〔　　〕 に師事した。 | 北村季吟

□ 11. 江戸に下ると 〔　　〕 の仕事に従事した。 | 水道工事

□ 12. 深川にあった自宅は 〔　　〕 と呼ばれる。 | 芭蕉庵

□ 13. 名古屋から信州を経由して江戸に帰ったときの紀行文を『 〔　　〕 』という。 | 更科紀行

□ 14. 『おくの細道』の行程は約 〔　　〕 km ほどで、〔　　〕 日間に及んだ。 | 2400、150

□ 15. 『おくの細道』で、40代で1日数十キロも移動していたので 〔　　〕 ではないかという都市伝説がある。 | 忍者

徳川吉宗 （とく がわ よし むね）（1684 ～ 1751　在職 1716 ～ 1745）

江戸幕府 8 代将軍。本当に政界の暴れん坊だった。

学校で習ったレベル

□ 1. ［ ★★★ ］の改革を行なった。（関大）　｜　享保の改革

□ 2. 江戸幕府 ［ ★★★ ］代将軍である。　｜　8 代

□ 3. ［ ★★ ］将軍（公方）と呼ばれた。（明治）　｜　米将軍

□ 4. もと ［ ★★★ ］藩主であった。（明治）　｜　紀州

□ 5. 旗本の ［ ★★★ ］を、江戸町奉行に登用した。（関大）　｜　大岡忠相

□ 6. 農民で、名主の ［ ★ ］を登用した。（関大）　｜　田中丘隅（きゅうぐ）

□ 7. 金銭貸借訴訟を当事者間で解決させる ［ ★★★ ］を出した。（関大）　｜　相対済し令

□ 8. 在職中のみ石高を増やす ［ ★★★ ］の制という人材登用政策を行なった。（関大）　｜　足高の制（たしだか）

□ 9. 大名に1万石につき 100 石の ［ ★★★ ］を命じた。（青学）　｜　上米

　　➡ そのかわり、大名の ［ ★★ ］の負担を緩めた。（立教）　｜　参勤交代

□ 10. 年貢の徴収方法を、毎年一定の額を徴収させる ［ ★★ ］に切り替えた。（早大）　｜　定免法

　　➡ 従来の年貢徴収方法は ［ ★★ ］であった。　｜　検見法

□ 11. 米価の安定を図るため ［ ★★ ］を幕府の公認にした。　｜　堂島米市場

□ 12. ［ ★★ ］の輸入制限を緩めた。（共立女子）　｜　漢訳洋書

□ 13. ［ ★★★ ］に、甘藷の栽培を命じた。（立命館）　｜　青木昆陽

□ 14. ［ ★ ］・［ ★ ］にオランダ語を学ばせた。　｜　青木昆陽・野呂元丈

□ 15. 江戸に ［ ★★★ ］という消火組織を整えさせた。（南山）　｜　定火消

　　➡ ［ ★ ］・［ ★ ］といった防火帯も設けさせた。　｜　広小路・火除地

戦国・近世

121

□ **16.** ★★★ を設けて庶民の意見を聞いた。(関大)　　　　　目安箱

➡この意見で、 ★★ という貧民を対象とした医療施　　小石川養生所

設が設けられた。(共立女子)

□ **17.** 1728 (享保 13) 年、65 年ぶりに　　　　　を命じた。　　日光社参

□ **18.** 裁判や刑罰の法令である ★★★ を定めた。(関大)　　公事方御定書

➡この下巻は、判例集で ★ と呼ばれている。(早大)　御定書百箇条

□ **19.** ★ という法令集をまとめた。(東京女子)　　　　　御触書寛保集成

大人として知っておきたいレベル

□ **20.** 紀州藩主 〈 〉 の 〈 〉 男であったが、兄の相次　徳川光貞、四男

ぐ死により紀州藩主となった。

□ **21.** 小石川養生所の設立を提案した人物は 〈 〉 であ　小川 笙 船
　　　　　　　　　　　　　　　　　　　　　　　　　　　　　　しょうせん

る。

□ **22.** 勘定吟味役に登用された 〈 〉 は、「　　　　　と百　神尾春央、胡麻の油
　　　　　　　　　　　　　　　　　　　　　　　　　　　　はるひで

姓は絞れば絞るほど出るものなり」 と放言したといわれ

る。

□ **23.** 「暴れん坊将軍」 では、　　　　　が演じた。　　　　松平健

□ **24.** 1995 年の NHK 大河ドラマ 「八代将軍吉宗」 では、　西田敏行

〈 〉 が演じた。

田沼意次 <ruby>田<rt>た</rt></ruby><ruby>沼<rt>ぬま</rt></ruby><ruby>意<rt>おき</rt></ruby><ruby>次<rt>つぐ</rt></ruby> (1719 ~ 1788)

賄賂政治家ではなく、最近では改革派の高評価も。

戦国・近世

学校で習ったレベル

□ 1. 10代将軍 ★★ のもとで活躍した。　　　　　　　　徳川家治

➡ ★★★ として活躍し、のちに ★★★ となった。　側用人、老中

□ 2. 商人や職人の ★★★ を広く公認した。　　　　　　株仲間

➡彼らから ★★★ ・ ★★★ などの営業税を納めさせ　運上・冥加
た。

□ 3. ★★ という金貨の単位で表示された銀貨を鋳造さ　<ruby>南<rt>なん</rt></ruby><ruby>鐐<rt>りょう</rt></ruby><ruby>二朱<rt>に しゅ</rt></ruby><ruby>銀<rt>ぎん</rt></ruby>
せ、江戸と大坂の流通を促進させた。

□ 4. ★★ 沼・ ★★ 沼の干拓を行なわせたが、利根川　印旛沼・手賀沼
の大洪水で失敗した。

□ 5. ロシアとの貿易を計画し、 ★★ を蝦夷地に派遣して　最上徳内
調査をさせた。

➡これは仙台藩医 ★★ の著した『 ★★ 』の意　工藤平助、赤蝦夷風
見を取り入れたものである。　　　　　　　　　　　　　説考

□ 6. 子の ★★ は、 ★★ にまで昇進した。　　　　　田沼意知、若年寄

➡彼は、 ＿＿＿ に暗殺された。　　　　　　　　　　佐野政言

➡暗殺した人物は、 ＿＿＿ と呼ばれた。　　　　　　世直し大明神

大人として知っておきたいレベル

□ 7. 将軍 ＿＿＿ の ＿＿＿ から身を起こした。　　　　徳川家重、小姓

□ 8. ✒ ＿＿＿ 藩主となった。　　　　　　　　　　　　遠江相良

□ 9. ＿＿＿ の才能に心酔し、パトロンになったといわれて　平賀源内
いる。

上杉鷹山 <small>うえ すぎ よう ざん</small> (1751〜1822)

藩の立て直しを行なった名君。ケネディ大統領が尊敬した。

学校で習ったレベル

□ 1. ★★ 藩主で、藩の莫大な借金を返済し、藩を立て直した名君である。 　米沢

□ 2. 名を ★★ という。(慶應) 　上杉治憲

□ 3. 地場産業の発展に力を注ぎ、★★ を盛んにした。 　米沢織

□ 4. 藩校 ★★ を再興し、藩士のみならず農民の学問教化にも力を注いだ。 　興譲館

大人として知っておきたいレベル

□ 5. 第35代アメリカ合衆国大統領 ☐ が尊敬する人物として挙げた。 　ケネディ

□ 6. 実父は ▼ 高鍋藩主 ▼ で、10歳で米沢藩の養子となった。 　日向、秋月種美

□ 7. 師は折衷学派の ☐ である。 　細井平洲

□ 8. ▼ を設けて、民衆の意見を聞いた。 　上書箱

□ 9. 米沢織を発展させ、☐ 業・☐ 業を盛り上げた。 　養蚕業・絹織物業

こぼれ話

上杉鷹山の有名な老婆のエピソードです。ある老婆が干した稲束の取り入れ作業をしていたところ、急に夕立が降ってきました。老婆一人ではとてもではないが取り入れ作業をすることができません。その時偶然通りかかった二人の武士が老婆を手伝ってあげました。当時取り入れ作業を手伝ってくれたお礼には刈り上げ餅という新米でついた餅を配ることが慣例でした。そこで老婆もお餅をもってお礼に伺いたいと武士たちにいったところ、通された場所はなんと殿様のお屋敷米沢城だったのです。老婆は腰が抜けるほど驚きましたが、鷹山公は老婆の勤勉さを称えて老婆に銀貨5枚を与えたとのことです。

高野長英(1804～1850)

たか　の　ちょう　えい

天才医師は、投獄されても獄舎を放火させ脱走した。

学校で習ったレベル

□ 1. 長崎で ★★★ の主宰する ★★★ 〈塾名〉に入った。

シーボルト、鳴滝塾

□ 2. 幕府がアメリカ船を打ち払った、 ★★★ 事件を批判した。

モリソン号事件

□ 3. 『 ★★★ 』という本を書いて批判した。

戊戌夢物語

□ 4. 洋学者で画家の ★★★ とともに批判した。(上智)

渡辺崋山

➡この人物は、『 ★★★ 』という本を書いて批判した。

慎機論

□ 5. 幕府にとがめられ、 ★★★ で永牢の処分を受けた。

蛮社の獄

□ 6. ★★ という蘭学者グループに所属していた。(東海)

尚歯会

大人として知っておきたいレベル

□ 7. 　　　　〈旧国名〉　　　　の生まれである。

陸奥、水沢

□ 8. 　　　　〈都市名〉で町医者を開業していた。

江戸

□ 9. 幕府に捕らえられた理由は、　　　　渡航計画である。

小笠原渡航計画

□ 10. 投獄後、獄舎を放火させ脱走し、 ✔　 という変名を用いて町医者や兵書の翻訳などを行なった。

沢三伯

□ 11. 　　　　〈都市名〉の隠れ家を襲われて自刃した。

江戸

戦国・近世

こぼれ話

高野長英はオランダ語が非常に堪能でした。 オランダ語を上達させるためシーボルトの鳴滝塾で一緒に学んだ仲間たちと宴会をするときも「日本語を話したら罰金」というルールを定めました。しかし他の仲間は酔っ払ってしまうとついつい日本語を話してしまいます。それでも高野長英はオランダ語を話し続けたのです。このことを面白くないと思った仲間が酔った勢いで高野長英を階段から突き落としてしまいました。階段から突き落とされた高野長英はその時思わず「Gevaarlijke（オランダ語で危ないという意味）」と叫んだそうです。これほど優秀な人材が蛮社の獄で悲しい人生を送るはめになってしまったのは残念でしかありません。

大塩平八郎 (1793 ~ 1837)

おお しお へい はち ろう

蔵書を売り払って貧民を救済し、蜂起した。

学校で習ったレベル

☐ 1. ★★ 学者である。(明治) — 陽明**学者**

    ➡ ★★ という塾を開いた。(明治) — 洗心洞

☐ 2. ★★ の元与力である。 — 大坂町奉行所

☐ 3. ★★ の飢饉の救済を町奉行所に訴えるが受け入れられなかったため、蜂起した。(佛教大) — 天保の**飢饉**

☐ 4. 国学者の ★★ は、大塩の門弟を称して ★★ で反乱を起こした。(立命館) — 生田万、越後柏崎

大人として知っておきたいレベル

☐ 5. 幼くして両親を亡くし、祖父の後を継いで □□□ となった。 — 与力

☐ 6. □□□ を売り払って 620 両を得て、貧民を救済した。 — 蔵書

☐ 7. 大塩の乱は □□□ 日で平定された。大塩平八郎は追われて 40 日後自焼・自刃した。 — 1 日

☐ 8. 諱を □□□ 、号を □□□ という。 — 正高、中斎

☐ 9. 著書に『□□□』や『古本大学刮目』がある。 — 洗心洞箚記 (せんしんどうさっき)

☐ 10. 大塩の乱の様子は、『□□□』や『裁眉巨潮伝』に記されている。 — 出潮引汐好賊聞集記 (でしおひきしおかんぞくもんじゅうき)

こぼれ話

設問 6 に登場する 620 両は現在のお金でおよそ 2500 万円から 3000 万円です。大塩平八郎は元大坂町奉行所の与力という下級役人であったため、そんなに収入も多くないのにこれだけのお金を貧しい人の救済に使ったというのはものすごいことだと思います。またそれだけの蔵書があったということから、彼がいかに勉強家であったかということが分かります。

水野忠邦 (1794 ~ 1851)
みず　の　ただ　くに

天保の改革を行なうも厳しすぎて間もなく失脚。

学校で習ったレベル

☐ 1. ★★ となって ★★★ の改革を断行した。(上智)　｜ 老中、天保の改革

☐ 2. 貧民の帰郷を強制する ★★★ を発した。(関学)　｜ 人返しの法

☐ 3. 物価抑制を図って、 ★★★ の解散を命じたが、物価は　｜ 株仲間の解散
　下がらなかった。(上智)

☐ 4. 江戸の在郷商人に対して ★ を出した。　｜ 物価引き下げ令

☐ 5. ★★ を出し、旗本・御家人の借金を帳消しにした。　｜ 棄捐令

☐ 6. ☐☐☐ 藩・☐☐☐ 藩・☐☐☐ 藩の封地を互いに入　｜ 川越藩・庄内藩・長岡藩
　れ替えることを命じた。(青学)

☐ 7. ★★★ を出し、江戸・大坂周辺の ★★ 万石を直　｜ 上知令、50
　轄地にしようとした。(上智)

☐ 8. ★★ 令を出して、異国船打払令を緩和した。　｜ 薪水給与令

☐ 9. 人情本作家の ★★ を処罰した。(共立女子)　｜ 為永春水

大人として知っておきたいレベル

☐ 10. ☐☐☐ 藩主から、☐☐☐ 藩主となった。　｜ 唐津、浜松

☐ 11. 江戸に211軒あった ☐☐☐ を15軒に減らした。　｜ 寄席

☐ 12. 役者が町を歩くときは ☐☐☐ をかぶらせた。　｜ 編笠

戦国・近世

こぼれ話

水野忠邦が、贅沢禁止令を出していたときのことです。ある日、贅沢品を身につけている女性が町を歩いていました。役人が贅沢禁止を理由に、その女性を捕まえようとすると、その女性は「賄賂をわたすから見逃してください。見逃してくれたら、あなたと……」と賄賂とお色気で罪を逃れようとしました。鼻の下を伸ばした役人が賄賂を受け取るのですが…、この女性、なんと水野忠邦が放ったスパイだったのです。スパイの罠にはまった役人は即刻クビになったとのことです。

本居宣長 もと おり のり なが (1730 〜 1801)

日本人の精神を取り戻そうと唱えた国学の四大人。

学校で習ったレベル

☐ 1. ★★★ 学者である。

☐ 2. ★★ に学んだ。

☐ 3. 自宅 ★ で国学を教えた。

☐ 4. 『　　　　』を著し、『源氏物語』を評価した。(上智)

☐ 5. 『 ★★★ 』という『古事記』の注釈書を著した。(岡山大)

　　➡ ★★ (中国の精神)を捨て ★★ (日本の精神)
　　に帰ることを主張した。

　　➡第1巻には　　　　　　を収め、記紀神話に基づく神の
　　道を示した。

☐ 6. 古学入門書『　　　　』を著した。

☐ 7. 『　　　　』という政治道徳論と、『　　　　』という
　　政治経済論を著し、紀伊藩主徳川治貞に提出した。(駒沢)

☐ 8. 『　　　　』という随想集を著した。

☐ 9. 死後の門人である ★★★ は、★★★ 神道を大成し
　　た。

大人として知っておきたいレベル

☐ 10.　　　　　　の生まれである。

☐ 11. 国学　　　　　の一人である。

　　※残りの三人は、荷田春満、賀茂真淵、平田篤胤です。荷田春満→(弟子)賀茂真淵→(弟子)本居宣長→(弟子)平田篤胤となります。

☐ 12.　　　　　・活用の研究をした。

☐ 13. 本業は　　　　　であった。

☐ 14.　　　　　のコレクターとして有名であった。

国学者

賀茂真淵

鈴屋

源氏物語玉の小櫛

古事記伝

漢心、真心

直毘霊 なおびのみたま

宇比山踏 う い やまぶみ

玉くしげ
秘本玉くしげ

玉勝間

平田篤胤 あつたね 、復古神道

伊勢松坂

国学四大人 し う

てにをは

町医者

鈴

塙保己一 <ruby>塙<rt>はなわ</rt></ruby><ruby>保<rt>ほ</rt></ruby><ruby>己<rt>き</rt></ruby><ruby>一<rt>いち</rt></ruby> （1746～1821）

ヘレン・ケラーが尊敬した！　世界的な盲目学者。

学校で習ったレベル

☐ 1. 　★　の門弟である。

☐ 2. 　★★　という学問所を設け、国史の講習と史料編纂を行なった。(関大)

☐ 3. 古代から江戸時代初期の国書を分類・編さんした『　★★　』を著し、多くの古書が失われずに現在に残ることになった。(関大)

大人として知っておきたいレベル

☐ 4. 世界的慈善家　　　　　　が、尊敬する人物として紹介し、来日のたびに彼の墓を訪れていた。

☐ 5. 盲人の最上級の官名である　　　　　となった。

☐ 6. 　　　　　〈旧国名〉の生まれで、7歳で盲目となった。

☐ 7. 15歳で江戸に出て検校の　　　　　に入門した。彼の姓が塙であるところから、塙保己一と名乗るようになった。

☐ 8. 和学講談所は、現在の　　　　　にあたる。

賀茂真淵
和学講談所
群書類従
ヘレン・ケラー
<ruby>検校<rt>けんぎょう</rt></ruby>
武蔵
雨富須賀一
東京大学史料編纂所

戦国・近世

こぼれ話

戦前の小学校の教科書には、塙保己一のことが載っていて、すべての国民が知っていました。盲目でも不可能なことはないと証明したスゴい人です。もちろん彼の人生は順風満帆ではありませんでした。7歳で盲目になりましたが、どうしても江戸で学問をしたいと考えました。しかし塙保己一にはお金がありません。そこでお金を貸してくれるという人が現れました。その人を頼って江戸に行ったところ、塙保己一はだまされてあんまの学校に入れられてしまったのです。塙保己一は自殺を試みますが、その時命を助けてくれた人から「目が見えないから学問は無理だろうが一度死ぬ気でやってみたら」といわれて賢明に学問に励むようになったのです。

杉田玄白 _{すぎ た げん ぱく}（1733 ～ 1817）

オランダの医書を翻訳し、日本の医学に大きな影響を及ぼす。

学校で習ったレベル

□ 1. 解剖書を翻訳した『 ★★★ 』を著した。（法政）　　　　　　解体新書

➡本書は『 ★ 』を翻訳したものである。（同志社）　　　ターヘル＝アナトミア

➡挿絵は、洋画家の ◻◻◻◻ が描いた。（早大）　　　　　小田野直武

□ 2. 翻訳の苦労を回想した『 ★★★ 』を著した。（日本女子）　蘭学事始

□ 3. 彼と前野良沢に学んだ ★★★ は、江戸に蘭学塾を開　　大槻玄沢 _{おおつきげんたく}

いた。（南山大）

➡この人物の開いた塾は ★★★ である。（明治）　　　芝蘭堂 _{し らんどう}

➡この人物の書いた蘭学入門書は『 ★★★ 』である。　蘭学階梯 _{らんがくかいてい}

大人として知っておきたいレベル

□ 4. ◻◻◻◻ 藩医であり、江戸の藩邸で生まれた。　　　　　若狭小浜

□ 5. 江戸 ◻◻◻◻ で死刑囚の腑分け（解剖）の見学を契機　　小塚原

に『解体新書』の翻訳を思いついた。

□ 6.『ターヘル＝アナトミア』は、◻◻◻◻ 人の ◻◻◻◻ が　　ドイツ、クルムス

書いた『 ◻◻◻◻ 』をオランダ語訳したものである。　　解剖図譜

□ 7. 事件記である『 ◻◻◻◻ 』を著した。　　　　　　　　　後見草 _{のちみぐさ}

こぼれ話

杉田玄白が晩年に書いた『蘭学事始』は、幕末には忘れられた存在となっていました。幕末は開国の影響によりオランダの学問を学ぶ蘭学よりもイギリスやアメリカの学問を学ぶ洋学の方が重んじられるようになり、蘭学は時代遅れとまでいわれるようになっていたからです。明治時代が始まる頃、福沢諭吉が江戸の湯島にある古本屋で一冊の本に出会いました。それが杉田玄白の『蘭学事始』です。杉田玄白が試行錯誤しながら『ターヘル＝アナトミア』を翻訳している様子に涙したといわれています。福沢諭吉はこの頑張りを世の中に広めなければいけないと考え、明治2（1869）年、『蘭学事始』を再出版し、杉田玄白の名は再び広く世の中に知られるようになったのです。

緒方洪庵 おがた こう あん (1810 ~ 1863)

種痘を江戸に広め、江戸の天然痘を抑えた賢人。

学校で習ったレベル

- [ ] 1. 蘭医で蘭学塾 ★★★ を開いた。(中央)　　　　　　適塾（適々斎塾）

  ➡この塾は ★★ 〈地名〉に開かれた。　　　　　　　　大坂

  ➡この塾の出身者の ★★ は、明治維新期の思想界　　福沢諭吉
  のリーダーとなった。

  ➡この塾の出身者の ★★ は、明治政府の軍事組織　　大村益次郎
  を整えた。(上智)

  ➡この塾の出身者の福井藩士 ★★ は、安政の大獄　　橋本左内
  で吉田松陰とともに処刑された。(明学)

大人として知っておきたいレベル

- [ ] 2. 　　　　〈旧国名〉の生まれである。　　　　　　　　備中

- [ ] 3. 開国後、江戸に出て、幕府の 🔖 医師となった。　　奥医師

- [ ] 4. 江戸に出て、　　　　頭取となった。　　　　　　　　西洋医学所

  ➡ここで　　　　の普及に尽力した。　　　　　　　　　種痘

- [ ] 5. 主な著書に『🔖　　　』『扶氏経験遺訓』などがある。　病学通論

- [ ] 6. TBS のドラマ「JIN―仁―」では、🔖　　　が演じた。　武田鉄矢

戦国・近世

こぼれ話

緒方洪庵のスゴいところは、種痘の普及に努めたことです。これにより幕末、天然痘が激減したといわれています。幕末の大坂では天然痘が大流行していました。緒方洪庵は牛の感染症である牛痘の膿を種痘に使うという当時としては画期的な方法で天然痘をなくそうとしました。しかしここで「牛痘を接種すると牛になる」とか「子供に牛痘を接種すると小児麻痺になる」などの根拠のない噂が流れます。また漢方医も洪庵のやり方を批判します。そのような中、緒方洪庵は粘り強く牛痘の接種を主張し続け、貧しい人からはお金を取りませんでした。そんな姿を見ていた大坂の商人が「大坂から天然痘がなくなれば、大坂の町は再び活気を取り戻す」と考え、種痘の設置施設を作るための資金を援助しました。

華岡青洲 はな おか せい しゅう (1760 ~ 1835)

世界で初めて全身麻酔手術を成功させた医師。

学校で習ったレベル

教科書には載っていません。

大人として知っておきたいレベル

☐ 1. 江戸時代後期の ☐☐☐☐☐ 医である。 | 外科医

☐ 2. ☐☐☐☐☐〈旧国名〉の生まれである。 | 紀伊

☐ 3. という麻酔薬を考案した。 | 麻沸散（通仙散）

 ➡この麻酔薬は を主剤とする。 | マンダラゲ（チョウセンアサガオ）

☐ 4. 世界で最初の ☐☐☐☐☐ 手術を行なった。 | 全身麻酔手術

☐ 5. 日本初の ☐☐☐☐☐ の摘出手術に成功した。 | 乳がん

 ➡その前に、人体実験を行なったのは彼の ☐☐☐☐☐ である。 | 妻

☐ 6. 一生、紀伊の で治療にあたった。 | 平山村

☐ 7. ☐☐☐☐☐〈人名〉は、『華岡青洲の妻』という小説を書いた。 | 有吉佐和子

 ➡小説では、妻の名は と記されている。 | 加恵

☐ 8. 2005 年の NHK ドラマ「華岡青洲の妻」では、華岡青洲を が、妻の加恵を が演じた。 | 谷原章介
和久井映見

こぼれ話

華岡青洲が全身麻酔手術に成功したのは、アメリカで行なわれる 40 年以上前の 1804 年のことでした。しかも当時はヨーロッパでは乳がんの手術はほとんど成功していないというのが実状でしたが、華岡青洲の乳がん手術を受けた患者のうち生存期間が判明した人のデータを集計すると平均して 3 年 7 ヶ月、一番長い人では 41 年も生存しました。当時は、外見から明らかに乳がんだとわかる場合だけ手術が行なわれていたため、この結果は当時としては非常に画期的なことだったのです。

平賀源内 (1728 ～ 1779)

本草学者で戯作者で発明家で画家。マルチプレイヤーの元祖。

学校で習ったレベル

☐ 1. 気温を測定する [★] を製作した。　　　　　寒暖計

☐ 2. 摩擦起電器である [★] を製作した。(聖心女子)　エレキテル

☐ 3. 石綿による [★] を製作した。　　　　　　　　火浣布

☐ 4. 『[★]』という洋画を描いた。　　　　　　　西洋婦人図

大人として知っておきたいレベル

☐ 5. [　　　] の生まれである。　　　　　　　　　　讃岐高松

☐ 6. 名を [　　　] という。　　　　　　　　　　　　国倫

☐ 7. [　　　] 会を開催した。　　　　　　　　　　　物産会（薬品会）

➡ここで出品された商品を記した『[　　　]』を著した。物類品隲
（ぶつるいひんしつ）

☐ 8. 浄瑠璃作者としてのペンネームは [　　　] である。福内鬼外

➡彼の浄瑠璃『[　　　]』は、現在でも歌舞伎・文楽　神霊矢口渡

で上演されている。

➡この作品は『[　　　]』を題材にした作品である。太平記

☐ 9. 戯作者としてのペンネームは [　　　] である。　風来仙人

☐ 10. 放屁で人気を博した両国の芸人のことを記した　　放屁論

『[　　　]』を著した。

☐ 11. 乱心で門弟に対して [　　　] 事件を起こし、獄中で亡く　殺人

なった。　※「酔って大工に」という説アリ。

こぼれ話

「神霊矢口渡」は、現在では、お舟という女性が活躍する「頓兵衛住家の場」が上演
（とんべえすみか）
されることが多いです。恋する新田義峰を救うため、自らの命を犠牲にするという哀
（にったよしみね）
れな役柄で、歌舞伎の娘役の代表的な役柄の一つです。一方、お舟の父の頓兵衛は、
新田義峰を捕まえて手柄を立てようとしている強欲な敵役で、お舟の哀れみを際立た
せる作品となっています。機会があったら是非ともご覧になってください。

葛飾北斎 (1760 ~ 1849)

ゴッホやモネに影響を与えた天才浮世絵師。

学校で習ったレベル

☐ 1. 天保期の ★★★ 絵師である。　　　　浮世絵

☐ 2. 風景版画『 ★★★ 』を描いた。　　　　富嶽三十六景

大人として知っておきたいレベル

☐ 3. _____〈都市名〉の出身である。　　　　江戸

☐ 4. _____ に学んだ。　　　　勝川春章

☐ 5. 『富嶽三十六景』の _____ は、赤富士と呼ばれる。　　凱風快晴

☐ 6. 『富嶽三十六景』の高波で有名な絵を _____ という。　神奈川沖浪裏

☐ 7. 絵手本である『 _____ 』を著した。　　　　北斎漫画

☐ 8. 滝沢馬琴の『 _____ 』の挿絵を担当した。　　椿説弓張月

☐ 9. 1867年の _____ で彼の絵が出品され、フランスで　　パリ万国博覧会

日本熱を生んだ。

➡この日本熱を _____ という。　　　　ジャポニズム

☐ 10. ヨーロッパの _____ 派の画家に影響を与えた。　　後期印象派

☐ 11. およそ _____ 回名前を変えた。　　　　30

☐ 12. _____ 回引っ越しをした。　　　　93

☐ 13. _____ 歳まで現役で絵を描き続けた。　　　　88

こぼれ話

葛飾北斎のところで是非とも紹介したいのが、北斎の三女である葛飾応為（俗名:阿栄）です。北斎が「余の美人画は、阿栄におよばざるなり」といわしめたほどで、「吉原格子先之図」は行灯の日が本当に光っているかのように描かれています。

応為は、一度は絵師のもとに嫁ぎます。しかし思ったことをすぐ口にしてしまう父親ゆずりの性格のため、夫の絵が自分よりもヘタだと笑ったことから三行半を突き付けられ、北斎が息を引き取るまで、彼の面倒をみました。

歌川広重 (1797〜1858)

ゴッホも模写した天才浮世絵師。『東海道五十三次』。

学校で習ったレベル

☐ 1. 天保期の ★★★ 絵師である。 — 浮世絵

☐ 2. 各地の名所を描いたのが『 ★★★ 』である。 — 東海道五十三次

☐ 3. 江戸の名所を描いたのが『 　　　 』である。 — 名所江戸百景

大人として知っておきたいレベル

☐ 4. 　　　〈都市名〉の生まれである。 — 江戸

☐ 5. 父は江戸で 　　　 を務める同心であった。 — 定火消

☐ 6. 　　　 は本姓、広重は号であったため、姓と名を号に統一するため、教科書では歌川広重と書かれるようになった。 — 安藤

☐ 7. 　　　 に師事した。 — 歌川豊広

☐ 8. 洋画の 　　　 法を応用させた風景版画を描いた。 — 遠近透視図法

☐ 9. 『名所江戸百景』の「 　　　 」は、ヨーロッパの有名な画家が模写したことで有名である。 — 大はしあたけの夕立

➡この絵を模写したのは 　　　 である。 — ゴッホ

☐ 10. 木曽の名所を描いたのが『 　　　 』である。 — 木曽街道六十九次

戦国・近世

こぼれ話

歌川広重という名前を見て、「私が学生の頃は安藤広重と習った」と思う方も多いでしょう。かくいう私も学生の頃、安藤広重と習いました。実はこの安藤というのは彼の本名です。広重の家はもともと下級武士で定火消同心をやっていました。歌川派に所属した画家だったので歌川広重と現在では呼ばれるようになっています。

伊能忠敬 (1745〜1818)

年老いてから学び始め、西洋より優れた日本地図を作る。

学校で習ったレベル

□ 1. 日本最初の実測地図である ★★★ を作製した。(関大)　　　大日本沿海輿地全図

大人として知っておきたいレベル

□ 2. _____〈旧国名〉の生まれである。　　　上総

□ 3. _____〈地名〉の伊能家に婿養子に入った。　　　下総佐原

□ 4. 伊能家の家業の _____ 業を立て直し、名字帯刀を許された。　　　酒造業

□ 5. 隠居後、_____ に天文暦学を学んだ。　　　高橋至時

　　➡ _____ 歳で彼の門下に入った。　　　50

□ 6. _____ を測定して _____ の大きさを知ることが、地図を作製する目的であった。　　　子午線、地球

□ 7. 『大日本沿海輿地全図』は、『 _____ 』とともに献上された。　　　輿地実測録

□ 8. 測量日数は _____ 日あまり、測量距離はおよそ _____ km であった。　　　3700、4万

□ 9. 『大日本沿海輿地全図』は、死後 _____ 年後に完成した。　　　死後3年後

□ 10. 墓を _____ に置くように遺言した。　　　高橋至時の墓の隣り

こぼれ話

伊能忠敬には正確な測量をするために行なっていた訓練があります。それは一定の歩幅で歩く訓練です。伊能忠敬はおよそ 69 cm の歩幅で歩きました。そして自分の歩いた歩数と方角から丹念に地図を作製したのです。伊能忠敬の地図の正確さにはヨーロッパ諸国も驚き、あのペリーも開国させるために来航した際、伊能忠敬の地図を携行していたといわれています。

間宮林蔵 (1775 〜 1844)

樺太が島であることを発見！ 間宮海峡は今にちの地図に残る。

学校で習ったレベル

☐ 1. ★★★ が島であることを発見した。

    ➡シベリアとの間の海峡を ★★★ という。

☐ 2. 間宮海峡の名付け親は _____ である。(大妻女子)

    ➡彼の著書『 _____ 』で紹介されて、間宮海峡が世

    界に紹介された。

大人として知っておきたいレベル

☐ 3. _____ 〈旧国名〉の生まれである。

☐ 4. 本名は ✓_____ である。

☐ 5. 測量術を _____ に学んだ。

☐ 6. ✓_____ と樺太を探検した。

☐ 7. シベリアに渡り、✓_____ 川下流の ✓_____ まで至っ

    た。

☐ 8. _____ 〈河川名〉下流域を探検し、樺太が島であることを

    発見した。

☐ 9. 晩年は ✓_____ を担当した。

☐ 10. _____ 事件の告発者といわれる。

☐ 11. 著書に『 ✓_____ 』『 ✓_____ 』がある。

樺太
間宮海峡
シーボルト
日本
常陸
倫宗
伊能忠敬
松田伝十郎
アムール川、デレン
黒竜江
幕府隠密
シーボルト事件
東韃地方紀行、北蝦夷図説

戦国・近世

こぼれ話

間宮海峡の名付け親はシーボルトです。当時日本では自分が発見した島などに自分の名前をつける習慣はほとんどありませんでした。しかしシーボルトはこのようなすばらしい功績ならばあなたのお名前をつけるべきであると主張し、間宮海峡という名前がつけられることになりました。この「間宮海峡」は現在の地図でも広く用いられている名称です。

二宮金次郎 (1787〜1856)

貧しい中で育ち、多くの農村を復興させた。

学校で習ったレベル

☐ 1. ★★ と呼ばれる農村復興策を行なった。(成蹊) — 報徳仕法

☐ 2. 金次郎は通称で、教科書では ★★ と記されている。 — 二宮尊徳

大人として知っておきたいレベル

☐ 3. 　　　〈旧国名〉の農民出身である。 — 相模

☐ 4. 14歳の時に 　　　 を、16歳の時に 　　　 を亡くした。 — 父、母

☐ 5. ▼　　　 の洪水で田畑を失い、叔父の元で育てられた。 — 酒匂川

☐ 6. ▼　　　 藩家老の家の家政改革を成功させ、藩主より模範篤農家として表彰された。 — 小田原

☐ 7. 後に幕臣となり ▼　　　 領の復興にあたった。 — 日光領

☐ 8. 徹底した実践主義者で、　　　・　　　・　　　を説いた。 — 陰徳・積善・節倹

☐ 9. ▼　　　 を説き広めた。 — 報徳思想

☐ 10. 明治時代には、彼の教えが 　　　 運動として発展した。 — 報徳運動

☐ 11. 戦前の小学校には、　　　 を背負って本を読む二宮金次郎像が多く造られた。 — 薪

こぼれ話

二宮金次郎の銅像が初めて造られたのは大正時代です。なぜ全国の小学校に設置されるようになったかというと、当時の政府が自主的に国に奉仕する国民を育成しようという政策を打ち出していたため、自らの力で貧困から抜け出し、幕府のために懸命に働いた二宮金次郎をその象徴として扱うようになったからです。ちなみに二宮金次郎銅像は薪を背負って歩きながら本を読む姿が有名ですが、実際には本で読んだ内容を暗唱していたともいわれています。

第 4 章

近代

島津斉彬 (1809～1858)

しま づ なり あきら

養女篤姫を将軍に嫁がせ、西郷隆盛・大久保利通を登用。

☐ 1. ★★★ 藩主である。 — 薩摩藩主

☐ 2. 洋式工場群である ★★ を設置し、洋式機械工場・ガラス製造所を設置した。(同志社) — 集成館

☐ 3. 阿部正弘の ★★ の改革に協力した。(獨協) — 安政の改革

☐ 4. 14代将軍を決める将軍継嗣問題では ★★★ を推した。(中央) — 一橋慶喜

➡この派閥を ★★★ 派という。 — 一橋派

☐ 5. 父の ▢ は、斉彬ではなく、側室の子を跡継ぎにしようとした。 — 島津斉興 (なりおき)

➡この御家騒動を ▢ という。 — お由良騒動

➡側室の子は ▢ である。 — 島津忠教 (久光)

➡側室の名は ▢ である。 — お由良

☐ 6. 幕府の仲介で ▢ は隠居し、 ▢ が藩主となった。 — 島津斉興、島津斉彬

☐ 7. 養女 ▢ を、将軍徳川家定の正室にして幕府への発言力を強めた。 — 篤姫 (天璋院)

☐ 8. 軽輩の ▢ ・ ▢ を登用した。 — 西郷隆盛・大久保利通

☐ 9. 卓越した見識を持っていたため、「 ▢ 近世の第一人者」と称された。 — 英明

吉田松陰 (1830〜1859)
よし だ しょう いん

多くの幕末の志士を育てた男。

学校で習ったレベル

- □ 1. ★★★ 藩士である。　　　　長州

- □ 2. 萩の ★★★ で、多くの人材を育てた。(京産)　　松下村塾

- □ 3. 幕府の対外政策を批判したため、 ★★★ で刑死した。　安政の大獄

大人として知っておきたいレベル

近代

- □ 4. 父は ▼ である。　　　　杉百合之助

- □ 5. 名を ▼ 、通称を ▼ という。　　矩方、寅次郎

- □ 6. 兵学を _____ に学んだ。　　佐久間象山

- □ 7. 君主の下に万民が結集する _____ 論を説いた。　一君万民論

- □ 8. ペリー来航の際、 _____ で海外密航を企てたため、捕まり、幽閉された。　下田

- □ 9. 松下村塾は、叔父の _____ が開いた塾である。　玉木文之進

- □ 10.「松下村塾の双璧」は、「識の _____ 、才の _____ 」である。　高杉（晋作）、久坂（玄瑞）

  - ➡これに _____ を加えると、「松陰門下の ▼ となる。　吉田稔麿、三秀

  - ➡これに _____ を加えると、「松下村塾の _____ 」となる。　入江九一、四天王

- □ 11. 大河ドラマ「花燃ゆ」では _____ が演じた。　伊勢谷友介

  - ➡主人公である松陰の妹は _____ に嫁いだ。　久坂玄瑞

こぼれ話

吉田松陰の妹は松下村塾の優等生である久坂玄瑞に嫁ぎましたが、久坂が禁門の変で自害すると、姉の元夫で群馬県令や貴族院議員を歴任した楫取素彦と再婚しました。

井伊直弼 (1815 ～ 1860)

いいなおすけ

悪者の代表のようにいわれるが実は名君との評価もあり。

学校で習ったレベル

□ 1. ★★ 藩主である。(近畿) 　　　　　　　　　　彦根

□ 2. 14代将軍に ★★★ を推した。(中央) 　　　　徳川慶福

　　➡この人物は、将軍に就任して ★★★ と名を変えた。　徳川家茂

□ 3. アメリカと ★★★ という不平等条約を締結した。　日米修好通商条約

　　➡ ★★★ 天皇からの勅許なく締結した。　　　孝明天皇

□ 4. ★★★ で反対派を処罰した。(同志社) 　　　　安政の大獄

□ 5. ★★★ で暗殺された。(明学) 　　　　　　　　桜田門外の変

　　➡ ★★ 藩・ ★ 藩の浪士に暗殺された。　　水戸・薩摩

大人として知っておきたいレベル

□ 6. 井伊直中の 　　　　 男といわれる。　　　　14 男

□ 7. 茶道に通じ、著書に『　　　　』がある。　　茶湯一会集

こぼれ話

井伊直弼というと、天皇の勅許を得ず外国と不平等条約を結び、吉田松陰らを安政の大獄で死に追いやった悪い人であるというイメージが強いかもしれませんが、最近では評価が上がってきています。不平等条約を勅許なしで結びましたが、本来、幕府は条約締結の際に朝廷の勅許は不要でした。また、不平等条約とはいえ、改正も可能な条約で、当時の日本の状況を考えると最善のものでした。安政の大獄についても、あの段階でヨーロッパを排斥する運動を抑えなければ、外国が納得しなかったでしょうし、弾圧すれば、井伊直弼は殺されるとわかっていました。まさしく命をかけて国難に挑んだのです。また井伊家の14男で、本来ならば幕府の大老はもちろんのこと彦根藩主にすらなれなかった立場の人物だったため、庶民の気持ちがわかるお殿様ということで彦根ではずっと愛され続けていました。このように様々な側面から見ていくと、もっともっと歴史の面白さや奥深さが発見できます。

松平容保 (1835 ～ 1893)

戊辰戦争で賊軍とされたが、孝明天皇が最も信頼していた。

学校で習ったレベル

- [ ] 1. ★★ 藩主である。 — 会津
- [ ] 2. 文久の改革で ★★★ に任用された。(獨協) — 京都守護職

大人として知っておきたいレベル

- [ ] 3. 🗡 藩主 🗡 の子で、会津藩に養子に迎えられた。 — 美濃高須藩主、松平義建
- [ ] 4. 会津藩主 🗡 の養子となった。 — 松平容敬
- [ ] 5. 京都守護職として、弟で [　　] であった [　　] と京都の治安維持にあたった。 — 京都所司代、松平定敬

  ➡弟は、🗡 藩主である。 — 伊勢桑名
- [ ] 6. [　　] で長州藩を撃退した。 — 禁門の変
- [ ] 7. [　　] 天皇の信任を得て公武合体を推進させた。 — 孝明天皇
- [ ] 8. 戊辰戦争の際、[　　] に出兵して敗れた。 — 鳥羽・伏見の戦い
- [ ] 9. 新政府軍に抗戦したが、[　　] 城で降伏した。 — 会津若松城
- [ ] 10. 最初 🗡 藩、のち 🗡 藩に幽囚された。 — 鳥取藩、和歌山藩
- [ ] 11. 後に許されて、晩年 [　　] を務めた。 — 日光東照宮宮司
- [ ] 12. NHK 大河ドラマ「八重の桜」で [　　] が演じ、肖像と似ていると話題になった。 — 綾野剛

近代

こぼれ話

松平容保は戊辰戦争の際に天皇に逆らった賊軍という扱いを受けます。そのため長らく悪者として描かれることが多かったのですが、幕末の混乱した京都で孝明天皇が最も信頼していたのは、松平容保だったのです。このような事実は、新たに発見される書状などから近年次々と明らかになってきています。これまでの歴史に関する固定観念を見直す時期にきていると考えられます。

高杉晋作 (1839 〜 1867)

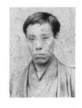

松下村塾の双璧。倒幕の道筋をつけるも病に倒れる。

学校で習ったレベル

□ 1. ★★★ 藩士である。 —— 長州

□ 2. ★★★ で学んだ。(京産) —— 松下村塾

□ 3. 伊藤博文らと ★ の焼打ちを行なった。(明学) —— イギリス公使館

□ 4. 正規の藩兵以外による ★★★ を組織した。(関大) —— 奇兵隊

□ 5. 長州藩の実権を握り倒幕の動きを進めたため、幕府が

　　 ★★ を実行したが、その途中で病死した。 —— 第二次長州征伐

大人として知っておきたいレベル

□ 6. 名を ☐☐☐ 、字は ☐☐☐ 、号は ☐☐☐ である。 —— 春風、暢夫、東行

□ 7. 藩命で ☐☐☐ を視察し、攘夷論者となる。 —— 上海

□ 8. ☐☐☐ 事件の和議交渉にあたった。 —— 四国艦隊下関砲撃

□ 9. 第二次長州征伐に備えて ☐☐☐ という船を無断で購

　　入した。 —— 丙寅丸

□ 10. 長州藩の保守派打倒のため ☐☐☐ で挙兵した。 —— 功山寺

　　➡このとき「これよりは ☐☐☐ の腕前お目に懸け申す —— 長州男児

　　べく」といったといわれる。

□ 11. 彼のことを伊藤博文は「動けば ☐☐☐ の如く 発すれ —— 雷電

　　ば ☐☐☐ の如し」と評価した。 —— 風雨

□ 12. 辞世の句は「 ☐☐☐ ともなき世を ☐☐☐ すみなすも —— おもしろき / おもしろく

　　のは心なりけり」といわれている。

こぼれ話

高杉晋作はイギリスに彦島を取られそうになった時、『古事記』を朗読して日本は他国
に譲る領土はないと主張しました。これにイギリスが圧倒されたのですから面白い。

144

坂本龍馬 <ruby>坂<rt>さか</rt></ruby><ruby>本<rt>もと</rt></ruby><ruby>龍<rt>りょう</rt></ruby><ruby>馬<rt>ま</rt></ruby>（1835 ～ 1867）

薩長同盟を仲介し、大政奉還を主導した。

学校で習ったレベル

☐ 1. ★★★ 藩出身である。

土佐

☐ 2. 軍事同盟の密約である ★★★ の仲介を行なった。

薩長同盟（連合）

➡ ★★ と行なった。(慶應)

中岡慎太郎

☐ 3. 徳川慶喜に ★★★ を勧めた。

大政奉還

➡藩士の ★★★ とともに行なった。(同志社)

後藤象二郎

➡前藩主 ★★★ を通してこれを勧めた。(関学)

山内豊信

大人として知っておきたいレベル

☐ 4. 名を という。

直柔

☐ 5. などの変名がある。

才谷梅太郎

☐ 6. 土佐藩の 出身である。

郷士

☐ 7. 1853 年、江戸に出て に剣を学んだ。

千葉定吉

➡この人物の妹 が初恋の人といわれる。

千葉さな子

➡この剣の流派は である。

北辰一刀流

➡この道場の道場主は である。

千葉周作

☐ 8. 党に加盟した。

土佐勤王党

➡この中心人物は  である。

武市瑞山

☐ 9. 脱藩して に入門し航海術を学んだ。

勝海舟

☐ 10. 勝海舟のもとで の設立に尽力した。

海軍操練所

☐ 11. 長崎に という商社を設立した。

亀山社中

➡ 藩の援助で設立された。

薩摩

➡これが、のちの である。

海援隊

☐ 12. 〈船名〉などを使って海運、貿易事業を展開した。

いろは丸

近代

☐ 13. ☐ という国家政体論を起草した。　　　　　　　船中八策

　　➡上下 ☑ からなる二院制議会と、朝廷中心の　議政局

　　　 ☑ が権力を持つ統一国家構想であった。　大名会議

☐ 14. 京都の ☐ で暗殺された。　　　　　　　　　　近江屋

　　➡ ☐ が殺害したといわれている。　　　　　幕府見廻組

☐ 15. 誕生日と暗殺された日は同じ、☐月☐日で　11 月 15 日
　　　ある。

☐ 16. 明治時代、自伝的小説『☐』が著され、龍馬の　汗血千里駒
　　　功績が知られることとなった。

　　➡この著者は ☑ である。　　　　　　　　　　坂崎紫瀾

☐ 17. 日露戦争の際、☐ の夢枕に立ち、皇国海軍の守　昭憲皇太后
　　　護を告げたといわれている。

　　➡この人物は ☐ の皇后である。　　　　　　　明治天皇

☐ 18. 1962 年、産経新聞で『☐』という小説が連載　竜馬がゆく
　　　され、坂本龍馬ブームが起った。

　　➡作者は ☐ である。　　　　　　　　　　　　司馬遼太郎

こぼれ話

「坂本龍馬が教科書から消える」というニュースが話題になりました。薩長同盟(連合)は薩摩藩の西郷隆盛と長州藩の木戸孝允による同盟で坂本龍馬はあくまでも仲介役にすぎないということ、また大政奉還についても後藤象二郎を通じて山内豊信公に建白したものであったため、影の立役者である坂本龍馬を教科書に記載することは、他の影の立役者たちとのバランスが取れないといった意味合いがあるそうです。ただ歴史の面白さというのはそのような影の立役者たちにスポットをあてることでもありますので、たとえ教科書に載らなくなったとしても私たちは坂本龍馬について学んでいくべきであると考えます。

中岡慎太郎 <small>なか おか しん た ろう</small> (1838～1867)

坂本龍馬とともに、新しい日本を創るために尽力した。

学校で習ったレベル

□ 1. 　★★　藩士である。 — 土佐

□ 2. 坂本龍馬とともに　★★★　の仲介を行なった。 — 薩長同盟（連合）

➡ この同盟に会盟した薩摩藩の人物は　★★★　・ — 西郷隆盛・小松帯刀

　　である。

➡ この同盟に会盟した長州藩の人物は　★★★　である。 — 木戸孝允

大人として知っておきたいレベル

□ 3. 土佐藩の　　　　である。 — 郷士

□ 4. 名を　　　　、号を　　　　という。 — 道正、迂山

□ 5. 父は　　　　である。 — 中岡小伝次

□ 6. 　　　　の道場に入って坂本龍馬と知り合った。 — 武市瑞山

□ 7. 武市瑞山の　　　　に参加した。 — 土佐勤王党

□ 8. 　　　　を組織し、藩主を護衛した。 — 五十人組

□ 9. 脱藩後、　　　　の護衛にあたった。 — 三条実美

□ 10. 土佐の同志に「自今以後、天下を興さん者は必ず

　　　　両藩なるべし」と予言した。 — 薩長

□ 11. 土佐藩より　　　　の隊長に任命された。 — 陸援隊

□ 12. 坂本龍馬とともに京都の　　　　で暗殺された。 — 近江屋

近代

こぼれ話

中岡慎太郎の写真を見たことがあるでしょうか。当時としては非常に珍しい表情をしています。それは笑顔で写っていることです。当時、写真で笑顔を見せるのは非常に珍しいことで、中岡慎太郎自身、この笑顔からイメージされるように非常に気さくな人物で、笑顔絶やすことなく、会合の後でも相手に対して「お互い大変であるなあ」などといって肩を叩いて相手のことを労ったとのことです。そのため非常に人望に厚く、坂本龍馬も最後まで信頼し続けたのでしょう。

ジョン万次郎 (1827～1898)

漁で遭難してアメリカに。帰国後、龍馬に英学を教えた。

学校で習ったレベル

教科書には、ほぼ載っていません。

大人として知っておきたいレベル

☐ 1. 　　　　　〈旧国名〉の出身で、漁師の次男であった。 　　　　土佐

☐ 2. 本名を 　　　　　という。 　　　　中浜万次郎

☐ 3. 太平洋上で漂流し、　　　　　で 　　　　　〈国名〉船に救助　鳥島、アメリカ
された。

　　➡この船は 　　　　　であった。 　　　　捕鯨船

☐ 4. アメリカで学んだ後、　　　　　業に携わった。 　　　　捕鯨業

☐ 5. 1851年、　　　　　を経由して薩摩に到着、長崎奉行所　琉球
で取り調べを受けた後、土佐に送還された。

☐ 6. 帰国後、　　　　　に仕え、坂本龍馬らに英学を教えた。　土佐藩

☐ 7. その後、幕府に仕え、　　　　　の通訳として遣米使節に　咸臨丸
加わった。

☐ 8. 幕府の 　　　　　の教授を務めた。 　　　　軍艦操練所

☐ 9. 維新後は、　　　　　の教授となった。 　　　　開成学校

　　➡これは 　　　　　の前身である。 　　　　東京大学

こぼれ話

ジョン万次郎は、日本で最初にアメリカへ留学した人物ですが、それ以外にも様々な
日本初を達成した人物でもあります。 日本で最初にネクタイを着用し、日本で最初に
鉄道に乗り、日本で最初に ABC の歌を紹介した人物なのです。
またジョン万次郎には初恋のエピソードもあります。アメリカ留学中に学校で知り合っ
たキャサリンという人物に恋をしたとのことです。恋するきっかけとなったのは当時黒
人と同様に差別されていた万次郎に対してキャサリンが微笑みかけたことからといわれ
ています。

小栗忠順 おぐりただまさ (1827 ~ 1868)

幕府の最後の立て直しに奔走した。

学校で習ったレベル

教科書には、ほぼ掲載されていません。

大人として知っておきたいレベル

□ 1. 幕臣で [   ] 奉行となった。　　　　　　　　　外国**奉行**

□ 2. [   ] 批准のため渡米した。　　　　　　　　日米修好通商条約

□ 3. ロシアが [   ] の租借を要求した際、外国奉行として　対馬

　　交渉にあたった。

　　➡このときロシア船 [   ] 号が対馬を占拠した。　ポサドニック号

□ 4. [   ]〈国名〉式軍制の導入を試みた。　　　　　フランス

□ 5. [   ] の創設に尽力し、幕府権力の確立に努めた。　横須賀造船所

□ 6. [   ] に反対したため、幕府を罷免された。　　大政奉還

□ 7. 免官後、[   ] 国 [   ] 村に帰郷し、農兵の育成　上野国、権田村

　　を図った。

□ 8. 戊辰戦争で戦ったわけではないのに、新政府軍に捕ら

　　えられ [   ] された。　　　　　　　　　　　斬首

こぼれ話

幕末で好きな人物と聞かれて「小栗忠順」と答えると「この人は歴史通だな」と思ってくれたりするものです。幕末、非常に財政が苦しい中、横須賀造船所建設に成功します。このときに小栗忠順がとった資金調達方法が、フランスへの生糸の専売を行なう貿易会社を作ることによって資金を捻出するというものです。坂本龍馬が株式会社という発想をとったのと同じ考え方です。さらに小栗忠順のスゴいところは、15代将軍徳川慶喜が新政府に対して恭順の態度を示した時、そのことに猛然と反発して幕府の職を辞めてしまったことです。小栗忠順は、上州権田村（現群馬県高崎市）に隠遁しますが、新政府軍により無残にも斬首されてしまいます。42歳の若さでした。彼がその後も生きて渋沢栄一などと日本の経済の発展に関与すればどのような活躍をしただろうと想像が膨らみます。

横井小楠 <ruby>横<rt>よこ</rt></ruby><ruby>井<rt>い</rt></ruby><ruby>小<rt>しょう</rt></ruby><ruby>楠<rt>なん</rt></ruby> (1809～1869)

明治維新の思想の源泉を築くも、暗殺される。

学校で習ったレベル

教科書に載っていません。

大人として知っておきたいレベル

□ 1. ☐ 藩士である。　　　　　　　　　　　　熊本

□ 2. ☑ とともに実践的な朱子学グループである　元田永孚（もとだ ながざね）
　　　☑ をつくった。　　　　　　　　　　　実学党

□ 3. 私塾 ☑ で子弟を教育した。　　　　　　小楠堂

□ 4. ☐ 藩に招かれ、藩政改革を推進した。　　福井
　　　➡当時の藩主は ☐ である。　　　　　　松平慶永

□ 5. 松平慶永が ☐ に任命されると、その政治顧問とし　政事総裁職
　　　て幕政改革に参加した。

□ 6. 『 ☑ 』で、「天地仁義の大道に基づいて有道の国　夷虜応接大意
　　　と交際すべし」と説いた。

□ 7. 明治新政府では ☐ となった。　　　　　参与

□ 8. ☐ 年1月5日に、欧米信奉者と勘違いされ暗殺　1869年
　　　された。

□ 9. 「人 ☐ の地に入れば、☐ 必ず決す」という　必死、心
　　　言葉を残した。

こぼれ話

教科書に載せたい幕末の偉人の筆頭にあがる横井小楠ですが、一つだけ問題があり
ました。それは酒癖の悪さです。酒癖の悪さゆえ江戸から帰るよう命じられましたし、
友人が刺客に襲われた時も酩酊していたため一人だけ逃げ出すという武士としてある
まじき行為をしてしまいました。

孝明天皇 (1831 ～ 1866　在位 1846 ～ 1866)

妹の和宮を将軍に嫁がせ公武合体を図る。最後は毒殺？

学校で習ったレベル

☐ 1. ★★★ と ★★★ を推進したが、倒幕には反対していた。

攘夷、公武合体

☐ 2. ★★★ の締結に反対し、勅許を出さなかった。

日米修好通商条約

☐ 3. 妹の ★★★ を、将軍 ★★★ に嫁がせた。

和宮、徳川家茂

➡これを積極的に行なった老中 ★★ は、★★ の変で襲われた。

安藤信正
坂下門外の変

近代

大人として知っておきたいレベル

☐ 4. 名は 🖋 で、幼少は 🖋 宮と呼ばれた。

統仁、熙宮

☐ 5. 父は 🖋 天皇である。

仁孝天皇

☐ 6. 和宮は、 との婚約がすでに決まっていたが、家茂のもとに嫁ぐことになった。

有栖川宮熾仁親王

☐ 7. 和宮は、家茂の死後、仏門に入り 宮を名乗った。

静寛院宮

☐ 8. 将軍家茂を従えて を 237 年ぶりに行幸した。

賀茂社

☐ 9. 1866 年 12 月 25 日に崩御した。死因は だが、倒幕派にとっては絶妙のタイミングでの死であったため、毒殺されたという説もある。

疱瘡

☐ 10. 公家の学問所を創設し、 と命名した。

学習院

☐ 11. 伊藤博文を暗殺した は、暗殺の理由の一つに孝明天皇を殺害したことであると主張した。

安重根

近藤 勇 (1834 〜 1868)

こんどう いさみ

新撰組局長として、最後まで幕府を守り続けた漢。

学校で習ったレベル

☐ 1. ★★ の局長となり、幕臣となった。　　　　　　　新撰組

➡この組織は、 ★★ の指揮下に置かれた。　　　京都守護職

☐ 2. ★★ 事件で、尊攘派を多数殺傷した。　　　　　池田屋事件

大人として知っておきたいレベル

☐ 3. ☐ 国 ☐ 郡の出身である。　　　　　　　武蔵国、多摩郡

☐ 4. ☐ の三男である。　　　　　　　　　　　宮川久次郎

☐ 5. 幼名を ☐ という。　　　　　　　　　　　昌宜

☐ 6. 変名を ☐ という。　　　　　　　　　　　大久保大和

☐ 7. ☐ の養子となった。　　　　　　　　　　近藤周助

➡彼は、 ☐ 流の師範である。　　　　　　　天然理心流

☐ 8. 幕府の ☐ に採用され、 ☐ らとともに新撰組　浪士組、芹沢鴨

を結成した。

☐ 9. 新撰組では ☐ を務めた。　　　　　　　　　局長

☐ 10. 戊辰戦争の際、江戸で ☐ を組織した。　　　甲陽鎮撫隊

☐ 11. 戊辰戦争で、 ☐ 入城に失敗した。　　　　　甲府城

➡この戦いを ☐ の戦いという。　　　　　　甲州勝沼の戦い

☐ 12. 戊辰戦争で、 ☐ で新政府軍に捕らえられた。　下総流山

☐ 13. ☐ で斬首された。　　　　　　　　　　　　武蔵板橋

こぼれ話

近藤勇の特技は、口にげんこつを丸ごと咥えこむことでした。近藤が尊敬していた加藤清正も同じ特技を持っていたといわれていたため、「自分も加藤清正のように出世したいものだ」と周りに語っていたそうです。

土方歳三 (1835 ～ 1869)

ひじ　かた　とし　ぞう

近藤勇の盟友。近藤勇を支え、五稜郭の戦いで散った。

学校で習ったレベル

☐ 1. 近藤勇とともに ★★ の中心人物である。

新撰組

大人として知っておきたいレベル

☐ 2. ☐ 国 ☐ 郡の出身である。

武蔵国、多摩郡

☐ 3. 名を ▼ という。

義豊

☐ 4. 変名は ▼ である。

内藤隼人

☐ 5. 生前に父を、6歳で母を失い、☐ 夫婦に育てられた。

兄

☐ 6. 剣術は ☐ から、☐ 流を学んだ。

近藤周助
天然理心流

☐ 7. 近藤勇とともに、幕府の ☐ に応募して上洛した。

浪士隊

☐ 8. 新撰組の ☐ となった。

副長

☐ 9. 新撰組では法の番人的存在で ☐ の遵守を徹底させた。

局中法度

☐ 10. 戊辰戦争の際、近藤勇とともに ▼ を組織した。

甲陽鎮撫隊

☐ 11. 戊辰戦争では、☐ で戦死した。

箱館五稜郭

➡このとき、☐〈人名〉の軍の幹部であった。

榎本武揚

近代

こぼれ話

土方歳三というと新撰組のイケメンというイメージがありますが、性格もなかなかイケメンだったといわれています。

箱館五稜郭で土方歳三は戦死するわけですが、死を悟った土方は、まだ年の若い小姓である市村鉄之助の命を救うため、わざと厳しく用事を言いつけることで戦地を離れさせたという話があるのです。小姓とともに戦死する武将や幕末の志士の多い中、男でも惚れてしまいそうなイケメンエピソードといえます。

いちむらてつのすけ

徳川慶喜 (1837〜1913)

とく　がわ　よし　のぶ

江戸幕府最後の将軍。幕府滅亡後は駿府に移り公爵に。

学校で習ったレベル

□ 1. 江戸幕府第 ★★★ 代将軍である。　　　　　　　　　　　第15代将軍

□ 2. 父は水戸藩主の ★★ である。　　　　　　　　　　　　徳川斉昭

□ 3. ★★ 派により第14代将軍に推されたが実現しな　　　一橋派
　　　かった。

□ 4. 文久の改革では ★★★ に就任した。　　　　　　　　　将軍後見職

□ 5. フランス公使 ★★ の意見を受けて幕政改革を行　　　ロッシュ
　　　なった。

　　　➡ ★★ の建設などの軍備拡張を行なった。　　　　横須賀製鉄所

□ 6. 朝廷を政権に返上する ★★★ を行なった。　　　　　　大政奉還

□ 7. ★★★ で、辞官納地が決定されたため、反発して、朝　　小御所会議
　　　廷に対抗する姿勢を示した。

　　　➡辞官納地とは ★ の辞任と ★ の一部返上　　内大臣、領地
　　　のことである。

□ 8. 大坂に入り、 ★★ の戦いに敗北した。これは戊辰戦　　鳥羽・伏見の戦い
　　　争最初の戦いである。

　　　➡この戦いを機に慶喜は 　　　　 という扱いを受けた。　朝敵

□ 9. 江戸城の ★★ 開城を受け入れた。慶喜は、その後　　無血
　　　水戸に移り、駿府に隠居した。

□ 10. 彼を擁護する軍勢として ★ が組織され、江戸開　　　彰義隊
　　　城後、寛永寺に立てこもった。

こぼれ話

徳川慶喜は非常に趣味の多い人でした。特に写真は有名ですが、鵜飼い、刺繍、玉突き、囲碁、将棋、自転車、自動車なども嗜み、悠々自適の後半生だったようです。

榎本武揚 （えのもと たけ あき）(1836 〜 1908)

幕臣。五稜郭の戦いで最後まで対立するも、明治政府高官に。

学校で習ったレベル

□ 1. 箱館の ★★★ で新政府軍と戦った。これが戊辰戦争 ……… 五稜郭
最後の戦いとなった。

□ 2. 明治維新後、駐露公使となり、1875（明治8）年に ……… 樺太・千島交換条約
★★★ 条約を締結した。

□ 3. 1891（明治24）年、ロシア皇太子が大津で襲撃され
る事件が起こると、 ★ に就任して事態の収拾にあ ……… 外務大臣
たった。

近代

大人として知っておきたいレベル

□ 4. 江戸の ▼ に生まれた。 ……… 下谷

□ 5. 通称を ▼ という。 ……… 釜次郎

□ 6. 勝海舟らとともに長崎の ☐ で学んだ。 ……… 海軍伝習所

□ 7. 幕臣として ☐ 〈国名〉に留学した。 ……… オランダ

□ 8. 江戸幕府では、 ☐ 奉行となった。 ……… 海軍奉行

□ 9. 江戸開城の際、 ☐ として軍艦引き渡しを拒否した。 ……… 海軍副総裁

□ 10. 明治政府では、 ☐ 大臣、▼ 大臣、▼ ……… 通信大臣、文部大臣、
大臣、▼ 大臣を歴任した。 外務大臣、
農商務大臣

こぼれ話

日本で最初の内閣である第一次伊藤博文内閣の閣僚を見ると、そのほとんどが旧薩
摩藩・旧長州藩の出身者で占められているのですが、その中に一人だけ榎本武揚が元
幕閣として逓信大臣に就任しています。政治の中心はあくまでも薩長が中心ではあり
ましたが、要所要所にこのような人物を配置していたことが、明治新政府が日本の近
代化を成功させた一つの鍵であるともいえます。

勝 海舟 <small>かつ かいしゅう</small> (1823 ～ 1899)

龍馬の目を世界に向け、江戸城の無血開城を行なう。

学校で習ったレベル

☐ 1. 海舟は号で、名は ★★ である。　　　　　　　　　勝義邦

☐ 2. ★★ 艦長として遣米使節に同行した。　　　　　　咸臨丸

☐ 3. ★★★ と会談し、 ★★★ の無血開城を決定した。　西郷隆盛、江戸城

大人として知っておきたいレベル

☐ 4. 明治以降、名を ____ とした。通称は ____ であ　安芳、麟太郎
る。

☐ 5. 長崎の ____ で学んだ。　　　　　　　　　　　　海軍伝習所

☐ 6. ____ から兵学を学んだ。　　　　　　　　　　　若山勿堂

☐ 7. 江戸に戻り ____ に出仕した。　　　　　　　　　蕃書翻訳所

☐ 8. 咸臨丸の司令官は ____ である。　　　　　　　　木村喜毅

☐ 9. 帰国後、 ____ を設立し、坂本龍馬らを育てた。　海軍操練所

☐ 10. 帰国後、 ____ 奉行となった。　　　　　　　　　軍艦奉行

☐ 11. 西郷隆盛との会談は、江戸の ____ 〈地名〉で行なわ　高輪、田町
れた。

☐ 12. 明治政府では、 ____ 卿や ____ 顧問官に就任し　海軍卿、枢密顧問官
た。

☐ 13. 自伝に『 ____ 』がある。　　　　　　　　　　　氷川清話

こぼれ話

勝海舟は、坂本龍馬がその先見性に惚れ込んだというエピソードや、強硬派であった
西郷隆盛を江戸無血開城にまで持ち込んだということで、非常に魅力的な人物です。
『氷川清話』や、勝海舟の父の勝小吉の『夢酔独言』などを読んでみることをお勧め
いたします。『夢酔独言』には勝海舟が子供の頃、犬に睾丸をかまれたエピソードな
どが記されています。

西郷隆盛 (1827 ～ 1877)

江戸城の無血開城を実現し、西南戦争に散る。

学校で習ったレベル

- [ ] 1. ★★★ 藩士である。 / 薩摩
- [ ] 2. ★★★ と会見し、江戸城の無血開城を実現した。 / 勝海舟
- [ ] 3. 下級武士の ★★★ とともに薩摩藩を主導した。 / 大久保利通
- [ ] 4. 長州藩の木戸孝允と ★★★ を結んだ。 / 薩長同盟（連合）
- [ ] 5. 明治政府では ★★ となった。 / 参議
- [ ] 6. 1873（明治 6）年の ★★★ 論で敗れて下野した。 / 征韓論
- [ ] 7. 征韓論で下野した後、鹿児島に ［　　　　］ という私塾を開いた。 / 私学校
- [ ] 8. 弟の ★★ は、台湾出兵を指揮した。 / 西郷従道
- [ ] 9. 1877（明治 10）年、 ★★★ 戦争を起こして敗れ、自刃した。 / 西南戦争

近代

大人として知っておきたいレベル

- [ ] 10. 通称を ［　　　　］、号を ［　　　　］ という。 / 吉之助、南洲
- [ ] 11. 戊辰戦争では、 ［　　　　］ 参謀となった。 / 東征大総督府参謀
- [ ] 12. 西南戦争では、 ［　　　　］ が守っていた ［　　　　］ 城を攻めるが落城できなかった。 / 谷干城、熊本城
- [ ] 13. ［　　　　］ の戦い以後、敗退が続き、敗北した。 / 田原坂の戦い
- [ ] 14. ［　　　　］ で自刃した。 / 城山

こぼれ話

坂本龍馬は写真好きで有名でしたが、西郷隆盛は写真嫌いで写真が残っていません。
肖像画も弟の西郷従道と甥の大山巌の顔をヒントに作られたものです。

明治天皇 (1852～1912　在位 1867～1912)

16歳で即位し、日本を近代国家に押し上げる先頭に立つ。

学校で習ったレベル

☐ 1. 1867(慶応3)年践祚し、12月9日に ★★★ を発令、摂政・関白・幕府を廃止した。 — 王政復古の大号令

☐ 2. 1868(慶応4)年、 ★★★ を出し、開国和親と公議世論の尊重を表明した。 — 五箇条の御誓文

☐ 3. 1869(明治2)年、 ★★★ へ行幸し、そのまま ★★★ に住まわれた。 — 東京 / 東京

☐ 4. ★★ を出し、軍人の政治不関与を説いた。 — 軍人勅諭

☐ 5. ★★★ は、天皇が公布した欽定憲法である。 — 大日本帝国憲法

☐ 6. ★★ を発布し、国民の道徳を強化した。 — 教育勅語

大人として知っておきたいレベル

☐ 7. 名を ＿＿＿、幼名を ＿＿＿ という。 — 睦仁、祐宮

☐ 8. 母は ＿＿＿ である。 — 中山慶子

☐ 9. 誕生日は ＿＿＿月＿＿＿日で、現在も ＿＿＿ で祝日となっている。 — 11月3日、文化の日

☐ 10. 皇后は ＿＿＿ である。 — 昭憲皇后

☐ 11. 好きなスポーツは ＿＿＿ で、本場所とは別に皇居で ＿＿＿ が開かれていた。 — 相撲 / 天覧相撲

☐ 12. 和歌を好み、およそ ＿＿＿ 首の和歌を詠まれた。 — 10万

☐ 13. 陵墓は ＿＿＿ 陵である。 — 伏見桃山陵

こぼれ話

明治政府というと西洋化を押し進めた印象があるかもしれませんが、明治天皇は西洋化に対しては懐疑的であり、伊藤博文の欠点を「西洋好き」といっていたほどです。

大久保利通 (1830 ～ 1878)

おおくぼとしみち

冷徹な印象があるが、政府のために借金。財を残さなかった。

学校で習ったレベル

- [ ] 1. ★★★ 藩士である。 — 薩摩
- [ ] 2. ★★★ 使節団に参加した。 — 岩倉使節団
- [ ] 3. 初代 ★★★ 卿となり、殖産興業政策を推進した。 — 内務卿
  - ➡ 1877（明治10）年、上野公園で第1回 ★ を開催した。 — 内国勧業博覧会
- [ ] 4. ★★ の政変で、西郷隆盛らが下野すると、事実上政府の指導者となった。 — 明治六年の政変
- [ ] 5. 板垣退助・木戸孝允と ★★ を行ない、彼らを参議に復帰させた。 — 大阪会議
- [ ] 6. 西南戦争の翌年、 ★ の変で暗殺された。 — 紀尾井坂の変

大人として知っておきたいレベル

- [ ] 7. 旧名を ？ という。 — 一蔵
- [ ] 8. 薩摩藩の家老 に登用された。 — 小松帯刀
- [ ] 9. 彼を暗殺したのは ？ である。 — 島田一郎
- [ ] 10. は、彼の側近で、警察制度の整備に尽力した。 — 川路利良
- [ ] 11. 次男の は、パリ講和会議の全権となり、人種差別撤廃を訴えた。 — 牧野伸顕
  - ➡ この人物の曾孫は 元首相である。 — 麻生太郎

近代

こぼれ話

大久保利通は写真からイメージされるように西洋の文物を非常に愛する人物でした。しかし意外にも好きな食べ物は漬物で、食卓に何種類も漬物が並んでいないと機嫌が悪くなるほどでした。朝食にはパンと紅茶と漬物が定番だったそうです。

大村益次郎<ruby>大<rt>おお</rt></ruby><ruby>村<rt>むら</rt></ruby><ruby>益<rt>ます</rt></ruby><ruby>次<rt>じ</rt></ruby><ruby>郎<rt>ろう</rt></ruby> (1824 ～ 1869)

高杉晋作亡き後の穴を見事埋める。靖国神社に巨大な銅像。

学校で習ったレベル

☐ 1. ★★★ の発案者である。

　→これを実現させたのは ★★★ である。

徴兵令

山県有朋

大人として知っておきたいレベル

☐ 2. ☐☐☐☐ 藩士である。

長州

☐ 3. 父は医師の ☐☐☐ である。

村田孝益

☐ 4. 当初、☐☐☐☐ と称していた。

村田蔵六

☐ 5. 大分の ☐☐☐☐ で学んだ。

<ruby>咸<rt>かん</rt></ruby><ruby>宜<rt>ぎ</rt></ruby><ruby>園<rt>えん</rt></ruby>

☐ 6. 大坂の ☐☐☐☐ で学び、医師となった。

適塾（適々斎塾）

☐ 7. 宇和島藩主 ☐☐☐☐ の推挙で、蕃書調所に仕えた。

伊達<ruby>宗城<rt>むねなり</rt></ruby>

☐ 8. のち、江戸の長州藩邸で ☐☐☐☐ 学を講じた。

兵学

☐ 9. ☐☐☐☐ となり、徴兵令実現に尽力した。

兵部大輔

☐ 10. ☐☐☐☐〈国名〉陸軍、☐☐☐☐〈国名〉海軍を模した近代的軍制改革を進めた。

フランス、イギリス

☐ 11. 戊辰戦争で亡くなった人を祀るため、☐☐☐☐（現在の靖国神社）を建立しようとしたので、靖国神社には大村益次郎の巨大な銅像がある。

東京招魂社

☐ 12. 1869（明治2）年、京都で守旧派の元長州藩士 ☐☐☐ らに暗殺された。

神代直人

☐ 13. あだなを ☐☐☐ といった。

火吹き達磨

こぼれ話

大村益次郎のあだ名の由来はその外見にあったといわれています。頭が極端に大きく、顔も大きく、眉毛は濃くて目はくぼみ、目と口の間が詰まっていたそうです。

木戸孝允 (1833 ～ 1877)

きど たか よし

逃げの小五郎、維新まで生き延び維新の三傑に！

学校で習ったレベル

- [ ] 1. ★★★ 藩士である。 → 長州

- [ ] 2. はじめ、 ★ と称していた。 → 桂小五郎

- [ ] 3. ★★★ の松下村塾に学んだ。 → 吉田松陰

- [ ] 4. 西郷隆盛・大久保利通らと ★★★ を結んだ。 → 薩長同盟（連合）

- [ ] 5. 五箇条の御誓文の、「列侯会議ヲ興シ」の部分を「 ★ 会議ヲ興シ」と修正した。 → 広ク**会議ヲ興シ**

- [ ] 6. 明治政府では、 ★★ となった。 → 参議

- [ ] 7. ★★★ 使節団の副使となった。 → 岩倉**使節団**

- [ ] 8. ★★★ に反対して下野した。 → 台湾出兵

- [ ] 9. 大久保利通の開いた ★★ の結果、参議に復帰した。 → 大阪会議

- [ ] 10. 孫の ★★ は、東条英機を首相に推薦した。 → 木戸幸一

大人として知っておきたいレベル

- [ ] 11. 芸妓の ___ を愛し、最終的には正妻とした。 → 幾松

- [ ] 12. 藩医 ▼ の次男で、 ▼ の養子となった。 → 和田昌景、桂孝古

- [ ] 13. 江戸で ▼ に剣術を、 ___ に砲術を学んだ。 → 斎藤弥九郎、江川太郎左衛門

- [ ] 14. ___ を登用して長州藩の軍制改革を行なった。 → 大村益次郎

近代

こぼれ話

彼の別名に「逃げの小五郎」というものがあります。絶えず暗殺の標的にされていたにもかかわらず、1877（明治10）年に病気により天寿を全うしたということからも窺えます。しかし当時の史料には「逃げの小五郎」といった内容のことは記されていません。そう呼ばれるようになったのは、1963年に出版された司馬遼太郎の短編小説集『幕末』の中にあった「逃げの小五郎」というタイトルが由来です。

伊藤博文 <ruby>伊<rt>い</rt></ruby><ruby>藤<rt>とう</rt></ruby><ruby>博<rt>ひろ</rt></ruby><ruby>文<rt>ぶみ</rt></ruby> (1841〜1909)

明治の元勲。教科書に最も多く登場する人物。

学校で習ったレベル

☐ 1. ┃ ★★★ ┃ 藩士である。 長州

☐ 2. 久坂玄瑞らと ┃ ★ ┃ の焼き打ちを行なった。 イギリス公使館

☐ 3. 1870（明治 3）年、初代 ┃ ★★ ┃ 卿となった。 工部卿

☐ 4. 1871（明治 4）年、┃ ★★★ ┃ の公布を建議し、1 円金 新貨条例
貨を原貨とする新しい貨幣制度を確立した。

☐ 5. ┃ ★★★ ┃ 使節団の副使となった。 岩倉使節団

☐ 6. ドイツ憲法を範に ┃ ★★★ ┃ を起草した。 大日本帝国憲法

☐ 7. ベルリン大学の ┃ ★★ ┃、ウィーン大学の ┃ ★★ ┃ か グナイスト、
ら憲法理論を学んだ。 シュタイン

☐ 8. 憲法調査からの帰国後、┃ ★★ ┃ の長官となり、華族令 制度取調局
の制定などを行なった。

☐ 9. 朝鮮で起こった甲申事変の収拾を図るため、┃ ★★★ ┃ 条 天津条約
約の全権となった。

☐ 10. 1885（明治 18）年、内閣制度を創設し、初代 ┃ ★★★ ┃ 内閣総理大臣
に就任した。

→このとき初代 ┃ ★ ┃ 大臣も兼任した。 宮内大臣

☐ 11. 憲法草案を審議するため ┃ ★★★ ┃ を設置し、初代議長 枢密院
となった。

☐ 12. 1894（明治 27）年の ┃ ★★★ ┃ 戦争勃発時の内閣総 日清戦争
理大臣である。

☐ 13. 1895（明治 28）年、全権となって日清戦争の講和に
あたり ┃ ★★★ ┃ 条約を調印した。 下関条約

☐ 14. ┃ ★★★ ┃〈政党名〉に接近し、1900（明治 33）年、 憲政党

★★★ 〈政党名〉を組織した。	立憲政友会
□ 15. 天皇の最高顧問である ★★ の一人である。	元老
□ 16. 1905（明治 38）年、韓国を保護国化した際、初代 ★★★ に就任した。	統監
□ 17. 1909（明治 42）年、 ★★ に暗殺された。	安重根
➡ ★★ 〈地名〉で暗殺された。	ハルビン

大人として知っておきたいレベル

□ 18. 名を □□□ という。	俊輔
□ 19. □□□・□□□・□□□・□□□ とともにイギリスに密航し、長州ファイブと呼ばれた。	井上馨・井上勝・遠藤謹助・山尾庸三
□ 20. 大久保利通の死後、□□□ 卿となり、政府の事実上の指導者となった。	内務卿
□ 21. □□□・□□□ と、□□□ 会議を開き、国会の開設に合意した。	井上馨・大隈重信 熱海会議
□ 22. 帝国議会が開設されると □□□ 議長となった。	貴族院議長
□ 23. □□□ 併合には慎重な態度を取っていた。	韓国併合
□ 24. 娘婿の □□□ は、演劇改良運動を行ない、演劇の近代化を推し進めた。	末松謙澄（けんちょう）

こぼれ話

私の 30 年来の友人に末松康春という人物がいます。彼は末松謙澄の曾孫で、伊藤博文の玄孫にあたります。末松謙澄は日本で最初に『源氏物語』を英語に翻訳した人物です。その友人は英語講師として 40 年近く活躍し、髪型は晩年の伊藤博文にそっくりで、伊藤博文同様、エロい話が大好きで、血は争えないものだなと思いました。

山県有朋（やまがたありとも）(1838 ～ 1922)

伊藤と並ぶ明治の政界のドン。大派閥・軍閥・官僚閥を形成。

学校で習ったレベル

□ 1. ★★★ 藩出身である。　　　　　　　　　　　　　　　　　　長州

□ 2. 1873（明治6）年、大村益次郎が構想した ★★★ を実現した。　　　　　　　　　　　　　　　　　　　　　　　徴兵制

□ 3. ドイツ人顧問 ★★★ の助言を受けて、地方制度改革を行なった。　　　　　　　　　　　　　　　　　　　　　　　モッセ

□ 4. 第一次山県内閣では、第一議会の内閣として ★★★ 主義を唱えた。　　　　　　　　　　　　　　　　　　　　超然主義

□ 5. 第二次山県内閣では、 ★★ 〈政党名〉を味方にした。　　憲政党

　➡地租を ★★ ％に引き上げた。　　　　　　　　　　　　　3.3

　➡ ★★★ を制定し、社会主義運動・労働運動を取り締まった。　　　　　　　　　　　　　　　　　　　　　　　　治安警察法

□ 6. 現役引退後は、 ★★ として政界に君臨した。　　　　　　元老

大人として知っておきたいレベル

□ 7. 前名を 　　　　　・　　　　　 という。　　　　　　　小輔・狂介

□ 8. 　　　　　 に学んだ。　　　　　　　　　　　　　　　　松下村塾

□ 9. 　　　　　 軍監となり、倒幕に参加した。　　　　　　　奇兵隊

□ 10. 日清戦争では 　　　　　 を務めた。　　　　　　　陸軍第一軍司令官

□ 11. 日露戦争では 　　　　　 を務めた。　　　　　　　陸軍参謀総長

□ 12. 小松宮・大山巌・西郷従道とともに最初の 　　　　　 となった。　　　　　　　　　　　　　　　　　　　　　　　　元帥

岩倉具視 (1825 ～ 1883)

いわ くら とも み

倒幕の中心となった公卿。岩倉使節団の特命全権大使。

学校で習ったレベル

□ 1. 薩長の倒幕派と組んで、大政奉還と同時に、明治天皇に ★★★ を出させた。

討幕の密勅

□ 2. ★★★ 〈官職名〉として、岩倉使節団の中心となり欧米を視察した。

右大臣

□ 3. 天皇名で起草した ★ という憲法草案に反対し、不採択に追い込んだ。

日本国権按

大人として知っておきたいレベル

□ 4. 実父は ▼ で、▼ の養子となった。

堀川康親、岩倉具慶

とも やす

□ 5. 条約の勅許を求めた老中 ☐ を追い返した。

堀田正睦

□ 6. 公武合体を唱え ☐ 降嫁に尽力した。

和宮

□ 7. ▼ ら尊攘派に弾劾され、岩倉村にこもっている間に倒幕派と通じた。

三条実美

□ 8. 岩倉使節団における肩書きは ☐ である。

特命全権大使

□ 9. 征韓論に反対したため、☐ の変で、征韓派に襲撃された。

赤坂喰違の変

□ 10. 華族銀行である ☐ 銀行の設立を継承した。

第十五国立銀行

□ 11. 日本最初の民営鉄道である ☐ の設立を主唱した。

日本鉄道会社

□ 12. 死因は ☐ であり、日本で最初に ☐ 告知を受けた人物ともいわれている。

ガン、ガン

※このとき岩倉具視を診察した東京帝国大学のベルツは、明治時代の日本の様子を記した一級史料である「ベルツの日記」を残した。

□ 13. 旧 ☐ 円札の肖像画に選ばれた。

500 円札

165

津田梅子 (1864 ～ 1929)

結婚せず日本の女子教育に生涯を捧げた。

学校で習ったレベル

☐ 1. ★★ に随行し、渡米した。 岩倉使節団

☐ 2. 1900 (明治 33) 年、 ★★ を創立した。 女子英学塾

   ➡現在の ★★ 大学である。 津田塾大学

大人として知っておきたいレベル

☐ 3. ▼ 藩士 ▼ の次女として ▼ 〈地名〉で生 佐倉、津田仙、江戸
まれた。

☐ 4. ☐ 歳で留学した。 8 歳

☐ 5. ともに留学した ☐ は、のちに大山巌の妻となり、 山川捨松
鹿鳴館の女王と呼ばれた。

☐ 6. 帰国後、 ☐ で英語教師となった。 華族女学校

   ➡現在の ☐ 大学である。 学習院女子大学

☐ 7. 後に、▼ の教授となった。 女子高等師範学校

☐ 8. 女子英学塾は、東京の ☐ 〈地名〉に設立された。 麹町

   ➡女子英学塾は、 ☐ 、▼ と改称し、津田塾 津田英学塾、
大学となった。 津田塾専門学校

☐ 9. ▼ 社を設立し、英語教科書などの出版を行なっ 英文新誌社
た。

☐ 10. 新しい ☐ 円札の肖像画に選ばれた。 5000 円札

こぼれ話

津田梅子は幼くして留学したため、帰国した当初は日本語が流暢に話せなくなっていたといわれています。そのため津田梅子の創建した女子英学塾では、正しい日本語を使うようにとりわけ厳しく教育したそうです。

板垣退助 (1837 ～ 1919)

いた がき たい すけ

板垣死すとも自由は死せず。自由民権運動の中心人物。

学校で習ったレベル

□ 1. ★★★ 藩の出身である。 　　　　　　　　　　　　　土佐

□ 2. 西郷隆盛らと ★★★ 論を主張して、参議を下野した。 　征韓論

□ 3. 日本最初の政党である ★★ を結党した。 　　　　　　愛国公党

□ 4. 藩閥官僚の有司専制に反発し、 ★★★ を左院に提出した。　民撰議院設立建白書

□ 5. 土佐に ★★★ という政社を結成した。 　　　　　　　立志社

　➡この政社を含む全国組織として ★★★ が結成された。　愛国社

□ 6. ★★★ の結果、参議に復帰した。 　　　　　　　　　大阪会議

□ 7. 1881（明治 14）年 ★★★ の総裁となった。 　　　　自由党

□ 8. 第二次伊藤博文内閣の ★★ 大臣となった。 　　　　内務大臣

□ 9. 第一次大隈重信内閣の ★★ 大臣となった。 　　　　内務大臣

　➡この内閣は ★★ 内閣とも呼ばれている。 　　　　　隈板内閣

大人として知っておきたいレベル

□ 10. 外遊費用を 　　　　 が拠出したことが問題となった。　三井

□ 11. 　　　　 事件で暴漢に襲われた際、「板垣死すとも　　　岐阜事件

　　　　　　 は死せず」という言葉が世間に広まった。　　自由

□ 12. 旧 　　　　 円札の肖像画に選ばれた。 　　　　　　100 円札

□ 13. 　　　　 の名付け親である。 　　　　　　　　　　　国技館

　　　※自宅に相撲道場を開くほどの相撲好きであった。

近代

167

大隈重信 <ruby>大<rt>おお</rt></ruby><ruby>隈<rt>くま</rt></ruby><ruby>重<rt>しげ</rt></ruby><ruby>信<rt>のぶ</rt></ruby>（1838〜1922）

早稲田大学創立者で、財政・外交で活躍した。

学校で習ったレベル

☐ 1. 旧 **★★** 藩の出身である。　　　　　　　　　　　　肥前（佐賀）

☐ 2. 1870年代 **★★** 卿として財政政策に尽力した。　　　大蔵卿

☐ 3. **★★★** の政変で参議を罷免された。　　　　　　　明治十四年の政変

☐ 4. 1882（明治15）年、**★★★** を結党した。　　　　　立憲改進党

　　➡この政党の機関誌は **★** の創刊した『 **★★** 』　　前島密、
　　　である。　　　　　　　　　　　　　　　　　　　　　郵便報知新聞

☐ 5. 1882（明治15）年、**★★★** を創立した。現在の早　東京専門学校
　　稲田大学である。

☐ 6. 条約改正では、国別 ☐☐☐☐ 交渉を行なった。　　　秘密

　　➡改正案では外国人判事任用を **★★** に限るとした。　大審院

　　➡改正案に反対した **★** 〈団体名〉の **★** が、　玄洋社、来島恒喜
　　　彼を襲撃した。

☐ 7. 第二次松方正義内閣では **★★** 大臣となった。　　　外務大臣

☐ 8. **★★★** を基礎に、第一次大隈内閣を組閣した。　　憲政党

☐ 9. **★★** 〈政党名〉と中正会を与党に第二次大隈内閣を組　立憲同志会
　　閣した。

大人として知っておきたいレベル

☐ 10. 襲撃された結果、☐☐☐☐ 脚を失った。　　　　　　右

　　➡この脚は、現在も ☐☐☐☐ に保存されている。　　　龍泰寺

こぼれ話

大隈重信の「隈」の字を「隈」と書き間違える人が多い。早稲田大学では「隈」の字
を間違うと、いくら成績が良くても不合格になるという都市伝説があります。志望校
の創業者の名前くらい正しく覚えておきましょう。

陸奥宗光 (1844～1897)

むつ　むね　みつ

条約改正を実現し 日清戦争の講和 を行なう。

学校で習ったレベル

□ 1. ★★★ 内閣の外務大臣を務めた。　　　　　　　　第二次伊藤博文

□ 2. 条約改正に成功し ★★★ 条約を結んだ。　　　　日英通商航海条約

　　➡この条約で日本は ★★★ の撤廃に成功した。　　領事裁判権

□ 3. 1895 年、全権として ★★★ 条約を締結した。　　下関条約

□ 4. 著書に『 ★ 』がある。　　　　　　　　　　　　蹇蹇録
けんけんろく

近代

大人として知っておきたいレベル

□ 5. ◻ 藩家老の子である。　　　　　　　　　　　　紀州

□ 6. 父は紀州藩家老の である。　　　　　　　伊達千広

□ 7. 脱藩して ◻ に加わった。　　　　　　　　　　　海援隊

□ 8. 明治維新後 ◻ 局長となり、◻ を推進させ　　　地租改正、地租改正
　　た。

□ 9. ◻ を企てた人物に加担したとして、牢に入れら　　西南戦争
　　れた。

　　➡このとき、◻〈結社名〉の に加担したとさ　　立志社、大江卓
　　れる。

□ 10. 爵位は ◻ である。　　　　　　　　　　　　　　伯爵

□ 11. 妻の ◻ は、その美貌と聡明さから ◻ の華　　　陸奥亮子、
　　と呼ばれた。　　　　　　　　　　　　　　　　　　ワシントン社交界

こぼれ話

陸奥宗光の妻亮子の写真が残っており、その現代的な容貌から明治時代の元勲の妻の中でもトップクラスに美しいといわれています。

元々は新橋の芸者で後妻でしたが、宗光が政府転覆運動に関わった罪で投獄された時、宗光の友人の家に身を寄せて子供たちを立派に育て上げ、多くの手紙を送り夫を励ましました。

東郷平八郎 (1847〜1934)

とう ごう へい はち ろう

無敵といわれたバルチック艦隊を破った大英雄。

学校で習ったレベル

☐ 1. 日露戦争の ［ ★ ］ でロシア最大の艦隊を破った。　　　日本海海戦

　　➡この艦隊は ［ ★ ］ である。　　　バルチック艦隊

大人として知っておきたいレベル

☐ 2. 名を ［　　］ という。　　　実良

☐ 3. ［　　　］ 藩士であった。　　　薩摩

☐ 4. 日清戦争では、［　　］ の艦長として活躍した。　　　浪速

☐ 5. 日露戦争の際、［　　　］ に就任した。　　　連合艦隊司令長官

☐ 6. バルチック艦隊を撃滅させたため「東洋の ［　　　］ 」と　　　ネルソン

　　称された。

☐ 7. 日本海海戦での旗艦は ［　　　］ である。　　　三笠

☐ 8. バルチック艦隊に壊滅的な打撃を与えた場所は

　　［　　　］ 海峡である　　　対馬

☐ 9. 日本海海戦での作戦参謀は ［　　　］ である。　　　秋山真之

☐ 10. ［　　　］ 条約の締結に断固反対した。　　　ロンドン海軍軍縮条約

☐ 11. 最終的に海軍では ［　　　］ の地位まで上り詰めた。　　　大元帥

☐ 12. 晩年は ［　　　］ の総裁を務めた。　　　東宮御学問所

☐ 13. 爵位は ［　　］ である。　　　侯爵

こぼれ話

　ネルソンとは、イギリスの海軍提督です。トラファルガーの戦いでフランスとスペインの連合艦隊を全滅させ、イギリスを世界一の海軍国と知らしめた人物です。

乃木希典 <ruby>乃<rt>の</rt></ruby><ruby>木<rt>ぎ</rt></ruby><ruby>希<rt>まれ</rt></ruby><ruby>典<rt>すけ</rt></ruby> (1849 ～ 1912)

東郷平八郎とともに覚えておいてほしい陸軍の英雄。

学校で習ったレベル

☐ 1. 日露戦争の際の ★ 占領の際の司令官であった。 | 旅順占領

大人として知っておきたいレベル

☐ 2. 旧 ◻ 藩の出身である。 | 長府

☐ 3. 吉田松陰に心服し、松陰の伯父 ◻ の門に入った。 | 玉木文之進

☐ 4. ◻ で軍旗を薩摩軍に奪われたことを一生の恥としていた。 | 西南戦争

☐ 5. 日清戦争の際は、◻ として従軍した。 | 第一旅団長

☐ 6. 日清戦争の後、◻ を務めた。 | 台湾総督

☐ 7. 日露戦争では ◻ として旅順を攻略した。 | 第三軍司令官

☐ 8. 旅順は ◻ の基地があった。 | ロシア太平洋艦隊

☐ 9. 旅順占領の際、◻ 攻略で多大な犠牲を払った。 | 203 高地

☐ 10. 降伏した旅順の要塞司令官は ◻ である。 | ステッセル

☐ 11. 晩年、◻ 長を務めた。 | 学習院長

☐ 12. 妻とともに ◻ の日に殉死した。 | 明治天皇の大葬の日

　　➡妻の名は ◻ である。 | 静子

☐ 13. 死後、自宅付近の坂が ◻ と改称された。 | 乃木坂

　　➡この坂は元は ◻ と呼ばれていた。 | 幽霊坂

☐ 14. 爵位は ◻ である。 | 伯爵

☐ 15. 東京都港区赤坂に鎮座する ◻ は、乃木希典を主神に、夫人静子を配祀している。 | 乃木神社

近代

小村寿太郎 (1855〜1911)

こむらじゅたろう

条約改正を成し遂げ、奪われそうになった満州を救った男。

学校で習ったレベル

□ 1. ★★★ 内閣の外務大臣を務めた。 — 桂太郎

□ 2. 1902（明治35）年の ★★★ 締結の際の外務大臣である。 — 日英同盟協約

□ 3. 1905年、日本全権として ★★★ 条約を締結した。 — ポーツマス条約

□ 4. 1911（明治44）年、 ★★★ 権を完全回復し、条約改正を成し遂げた。 — 関税自主権

□ 5. このとき結ばれた条約は ★★ である。 — 日米通商航海条約

大人として知っておきたいレベル

□ 6. _____ 貸費留学第1回生に選抜されてアメリカに留学した。 — 文部省

□ 7. _____ 大学に留学した後、司法省に入省した。 — ハーバード大学

□ 8. 外務大臣 _____ に見出され北京に赴任し、日清戦争開戦当時の難局にあたった。 — 陸奥宗光

□ 9. 日清戦争後は駐朝弁理公使として _____ 事件を処理した。 — 閔妃殺害事件

□ 10. 日露戦争で手に入れた満州の鉄道を、桂太郎首相がアメリカの _____ に売ろうとしたことに強硬に反対し、その契約を白紙撤回させた。 — ハリマン

こぼれ話

小村寿太郎の身長はパスポートには156cmと記されていますが、実際は150cmに満たなかったといわれています。そのような小柄でありながら立派に外交手腕を発揮したのですから賞賛に値します。

八田與一 (1886 ～ 1942)
はっ た よ いち

教科書に載せたい！　台湾の発展に人生を捧げた日本人。

学校で習ったレベル

教科書に載っていません。

大人として知っておきたいレベル

□ 1. 　　　　　 ダムを中心とする大規模な灌漑施設を完成さ　　烏山頭ダム
せ、台湾の農業発展に寄与した。

　　➡この灌漑施設を 　　　　　 という。　　　　　　　　　　嘉南大圳

□ 2. 🗹　　　 県の出身である。　　　　　　　　　　　　　　石川県

□ 3. 🗹　　　 を卒業した。　　　　　　　　　　　　　　　　東京帝国大学

□ 4. 大学卒業後、 　　　　　 に就職した。　　　　　　　　　台湾総督府

□ 5. 　　　　　 民政長官の下で、台湾の伝染病防止のため、　後藤新平
上下水道の整備を担当した。

□ 6. 28 歳で 🗹　　　 の水利工事を成功させた。　　　　　桃園大圳

□ 7. 1942（昭和 17）年、 　　　　　 に行く途中、船が撃沈さ　フィリピン
れ亡くなった。

□ 8. 彼の命日である 　　　 月 　　　 日には、毎年、台　5月8日
湾の烏山頭ダムで慰霊祭が行なわれている。

□ 9. 台湾の 　　　　　 総統(当時)が、彼の慰霊祭に参加した際、　馬英九
「八田與一記念公園」を建設すると語り、記念公園が完
成した。

　　➡この記念公園は、ダム建設時の八田の 　　　　　 跡地　宿舎
であった。

近
代

こぼれ話

台湾では現在の中学校の教科書などに載っていて、台湾の人で彼の名前を知らない
人はほとんどいないといわれています。

173

後藤新平 (1857 ～ 1929)

ごとうしんぺい

医師出身、台湾や満州で活躍、関東大震災の処理にあたった。

学校で習ったレベル

☐ 1. ★★ の民政長官となった。

台湾総督府

☐ 2. 当時の台湾総督は ★ である。

児玉源太郎

大人として知っておきたいレベル

☐ 3. ☐☐☐☐ 県の出身である。

岩手

☐ 4. ☐☐☐☐ から官界に転じた。

医師

☐ 5. ☐☐☐☐ 衛生局に入り、☐☐☐☐ 留学を経て ☐☐☐☐ 衛生局長に就任した。

内務省、ドイツ、内務省

☐ 6. 1906 (明治 39) 年、☐☐☐☐ の初代総裁となった。

南満州鉄道

➡後に、 総裁となった。

鉄道院

☐ 7. 1920 (大正 9) 年、☐☐☐☐ 市長となった。

東京

☐ 8. 関東大震災の復興計画を行なう ☐☐☐☐ の総裁となった。

帝都復興院

☐ 9. ソ連政府代表 ☐☐☐☐ と会談し、日ソ国交樹立を準備した。

ヨッフェ

☐ 10. 壮大な構想をたびたび提唱するので「☐☐☐☐」と呼ばれた。

大風呂敷

☐ 11. 爵位は ☐☐☐☐ である。

伯爵

こぼれ話

後藤新平はもともと医師でした。ですから台湾総督府民政局長になったとき、八田興一とともに伝染病の予防に努めたわけです。

渋沢栄一 しぶ さわ えい いち (1840 ～ 1931)

多くの会社設立に寄与した大実業家で社会事業家。

学校で習ったレベル

☐ 1. 1872（明治5）年の ★★★ 条例の制定に尽力した。 | 国立銀行**条例**

➡この条例に基づいて ★★★ 銀行を設立し、初代頭 | 第一国立**銀行**

取となった。

☐ 2. 1882（明治15）年に ★★★ を設立した。 | 大阪紡績会社

大人として知っておきたいレベル

☐ 3. ___ 県 ▼ ___ 市の出身である。 | 埼玉県、深谷**市**

☐ 4. ___ 余りの会社の設立に関与した。 | 500

☐ 5. 号を ▼ ___ という。 | 青淵

☐ 6. 尊王攘夷運動に参加し、横浜の ___ を企てた。 | 異人館焼き打ち

☐ 7. ___ 家に仕え、幕臣となった。 | 一橋家

☐ 8. ___ の幕府使節団に加わって渡欧した。 | パリ万国博覧会

➡ ▼ ___ にしたがって渡欧した。 | 徳川昭武

☐ 9. 帰国後、徳川家とともに ___ に移住したが、1869 | 静岡

（明治2）年、新政府に召された。

☐ 10. 明治政府の ___ 省に出仕した。 | 大蔵**省**

☐ 11. 1878（明治11）年、現在の ___ の会頭となった。 | 東京商工会議所

➡この組織の設立当時の名称は ___ である。 | 東京商法会議所

☐ 12. 1879（明治12）年、岩崎弥太郎と ___ を設立した。 | 東京海上保険

☐ 13. 1881（明治14）年、日本最初の私鉄である ___ | 日本鉄道会社

を設立した。

☐ 14. 1885（明治18）年、東京府から払い下げを受けて現

在の ___ を設立した。 | 東京ガス

□ 15. 1887 (明治 20) 年、井上馨外務大臣が勧めて彼は
　　　　　□□□□ を設立した。　　　　　　　　　　　　　　　有限会社帝国ホテル

□ 16. □□□□ は、彼が設立した製紙会社である。　　　　　王子製紙

□ 17. □□□□ 財閥は財閥解体の指定対象となった。　　　　渋沢

□ 18.「 □□□□ と □□□□ 」を両立させるべきだという持論　　論語、ソロバン
　　　がある。
　　　➡この論に基づいて『 □□□□ 』という著書がある。　　論語講義

□ 19.「 □□□□ 合一」を主義とし、一部企業が利益を独占す　　道徳経済
　　　るのを極度に嫌った。

□ 20. 爵位は □□□□ である。　　　　　　　　　　　　　　子爵

こぼれ話

渋沢栄一の残した言葉で私が好きな言葉があるので紹介いたします。

夢なき者は理想なし、
理想なき者は信念なし、
信念なき者は計画なし、
計画なき者は実行なし、
実行なき者は成果なし、
成果なき者は幸福なし、
ゆえに幸福を求むる者は夢なかるべからず。

何かを成し遂げる時に、自分は今どの段階にあるのかを考え、自分に何が足りないのかを考えるのです。私が折に触れて読み返す言葉です。

上記を読んで「これは吉田松陰の言葉では」と思った方もいるでしょう。吉田松陰も同様の言葉を残したといわれています。志のある偉人たちは同じような事を考えて同じような言葉を残したといえるわけで、つまりこの渋沢栄一の言葉は真実を突いたものということもできるのです。

岩崎弥太郎 いわ さき や た ろう (1835 ~ 1885)

坂本龍馬の遺志を継ぎ三菱財閥を築いた。

学校で習ったレベル

☐ 1. 　★★　 藩の出身である。 ……… 土佐

☐ 2. 　★★★　 財閥を形成した。 ……… 三菱

☐ 3. 1885(明治 18) 年、三菱汽船会社は 　★★　 と合併し、 ……… 共同運輸会社、
　　　 　★★★　 を設立した。 ……… 日本郵船会社

☐ 4. 政府から特権を与えられて独占的に利益を上げた
　　　 　★★★　 の一人である。 ……… 政商

大人として知っておきたいレベル

☐ 5. 父は地下浪人の ＿＿＿＿ である。 ……… 岩崎弥次郎

☐ 6. ＿＿＿＿ の推薦で、土佐藩営の商社である開成館に勤 ……… 後藤象二郎
　　　 務した。

☐ 7. 土佐藩営の 　✎　 を譲り受け、海運業中心の ……… 九十九商会、
　　　 　✎　 を設立した。 ……… 三川商会
　　　 ➡この会社は、1873 (明治 6) 年 ＿＿＿＿ 、1875 (明 ……… 三菱商会、
　　　 治 8) 年 ＿＿＿＿ に拡張した。 ……… 三菱汽船会社

☐ 8. 政府の ＿＿＿＿ の保護で、政商に成長した。 ……… 大隈重信

☐ 9. ＿＿＿＿ 航路を開設した。 ……… 上海

☐ 10. 彼の後を継いで、三菱汽船会社の社長となった弟の
　　　 ＿＿＿＿ は、共同運輸会社との合併を行ない、日本郵 ……… 岩崎弥之助
　　　 船会社を設立した。
　　　 ➡この人物と子の ＿＿＿＿ は、1893 (明治 26) 年、 ……… 岩崎久弥、
　　　 三菱財閥の本社である ＿＿＿＿ を設立した。 ……… 三菱合資会社

☐ 11. 旧岩崎邸は ＿＿＿＿ が設計した。 ……… コンドル

☐ 12. 娘は、後に首相となった ＿＿＿＿ と結婚した。 ……… 加藤高明

福沢諭吉 _{ふ ざわ ゆ きち}（1834 ～ 1901）

明治時代の思想界のリーダー。独学で英語を習得。

学校で習ったレベル

□ 1. 　★　 県の出身である。 — 大分県

□ 2. 　★★　 で、　★★　 から蘭学を学んだ。 — 適塾（適々斎塾）、緒方洪庵

□ 3. 1868（慶応 4）年、自らの蘭学塾を 　★★★　 と改名した。 — 慶應義塾

□ 4. 1873（明治 6）年、啓蒙思想団体 　★★　 に参加した。 — 明六社

□ 5. 1882（明治 15）年、新聞『 　★★　 』を創刊した。 — 時事新報

➡この紙面上で 　★★　 論を唱えた。 — 脱亜論

※脱亜論とは、アジアを脱して欧米にならうことを主張した考えです。

□ 6. 海外事情を紹介した『 　★★★　 』を著した。 — 西洋事情

□ 7. 啓蒙書『 　★★★　 』はベストセラーとなった。 — 学問のすゝめ

□ 8. 『 　★★　 』を著して、西洋文明を学ぶことを説いた。 — 文明論之概略

大人として知っておきたいレベル

□ 9. 　　　　 国 　　　　 藩士の子である。 — 豊前、中津

□ 10. 蘭学塾を 　　　　 〈地名〉に開いた。 — 築地鉄砲洲

□ 11. 幕府の遣米使節に同行し、　　　　 でアメリカに渡った。 — 咸臨丸

□ 12. 慶應義塾は、　　　　 年に 🔊 に創設された。 — 1868、芝新銭座

□ 13. 独学で 　　　　 を学んだ。 — 英語

□ 14. 時事新報では 　　　　 を唱えた。 — 官民調和

□ 15.『 　　　　 』は、彼の自伝である。 — 福翁自伝

田中正造 (1841 ～ 1913)

足尾銅山鉱毒問題を、議員を辞職し天皇に直訴した。

学校で習ったレベル

☐ 1. ★★★ の鉱毒問題に取り組んだ。　　　　　　　　　足尾銅山

　➡鉱毒は ★★ 川流域の住民に被害を与えた。　　　　渡良瀬川

☐ 2. 議員を辞職して ★★ に直訴した。　　　　　　　　明治天皇

　➡この直訴文は ★★ が起草した。　　　　　　　　　幸徳秋水

☐ 3. 1907 (明治 40) 年、 ★ 村の廃村と遊水池の設　　谷中村
　　置で決着した。

大人として知っておきたいレベル

☐ 4. 現在の 　　　 県 　　　 市の生まれである。　　　栃木県、佐野市

　➡当時の地名は 　　　 国の  村である。　下野国、小中村

☐ 5. 父は 　　　 であった。　　　　　　　　　　　　　名主

☐ 6. 『 　　　 』を創刊し、自由民権運動に参加した。　栃木新聞

☐ 7. 　　　 、同議長を経て、衆議院議員に当選した。　栃木県県会議員

☐ 8. 栃木県令 　　　 と激しく対立した。　　　　　　　三島通庸

☐ 9. 当初の所属政党は 　　　 である。　　　　　　　　立憲改進党

☐ 10. 第1回総選挙以来、衆議院議員に 　　　 回当選した。　6

☐ 11. 被害農民を群馬県 　　　 で官憲が弾圧したため、明　川俣
　　治天皇の直訴を決断した。

☐ 12. 　　　 の帰途に天皇に直訴した。　　　　　　　　　開院式

☐ 13. 1904 (明治 37) 年以降は 　　　 に住み、住民とと　谷中村
　　もに闘った。

　➡この地の 　　　 化に反対したが叶わなかった。　　遊水池

近代

179

夏目漱石 (1867〜1916)

明治時代の文豪。

学校で習ったレベル

□ 1.『 ★★★ 』で文壇に登場した。 | 吾輩は猫である

□ 2.『 ★★★ 』は、松山中学校在勤時の経験を描いたものである。 | 坊っちゃん

大人として知っておきたいレベル

□ 3. 名を [   ] という。 | 金之助

□ 4. 江戸 [   ] で生まれた。 | 牛込

□ 5. 現在の [   ] を卒業した。 | 東京大学

□ 6. [   ] 学者である。 | 英文学者

□ 7. 愛媛の [   ] 中学校、熊本の [   ] 高等学校の教授を務めた。 | 松山中学校、第五高等学校

□ 8. 文部省留学生として [   ] に留学した。 | ロンドン

　　➡帰国後、[   ] 教授、[   ] 講師を務めた。 | 第一高等学校、東京帝国大学

□ 9. [   ] の影響で写生文を手がけるようになった。 | 高浜虚子

□ 10.『吾輩は猫である』は、『[   ]』に連載された。 | ホトトギス

□ 11. 教職を辞して [   ] に入社した。 | 朝日新聞

□ 12. 夏目漱石の三部作は『[   ]』『[   ]』『[   ]』である。 | 三四郎、それから、門

□ 13. 晩年、[   ] の境地に至り、自我を乗り越え、自然の道理に従って生きることを求めようとした。 | 則天去私

□ 14. 遺作『[   ]』は、未完に終わった。 | 明暗

□ 15. [   ] 句の俳句を詠んだ。 | 2600

180

森鷗外 (1862 ~ 1922)

もり おう がい

軍医で小説家。ロマン主義であったが晩年は歴史小説に転向。

学校で習ったレベル

☐ 1. 処女作は『　★★　』である。　　　　　　　　　　舞姫

☐ 2. 晩年『　★　』『　　　　　』という歴史小説を残した。　阿部一族、高瀬舟

大人として知っておきたいレベル

☐ 3. 本名は　　　　　である。　　　　　　　　　　　林太郎

☐ 4. 　　　国　　　　の生まれである。　　　　　　　石見国、津和野

☐ 5. 父は藩の　　　　　を務めた。　　　　　　　　　御典医

☐ 6. 親戚の　　　　　邸に住みながらドイツ語を学んだ。　西周

☐ 7. 　　　　大学　　　　学部を卒業した。　　　　　東京大学、医学部

☐ 8. 大学卒業後、　　　　　を務めた。　　　　　　　陸軍軍医

　　➡最終的に ✓　　　まで務めた。　　　　　　　　軍医総監医務局長

☐ 9. 　　　　　に留学し、✓　　　学を学んだ。　　　ドイツ、衛生学

　　➡ミュンヘン大学の ✓　　　や、ベルリン大学の　ペッテンコーファー、

　　✓　　　から学んだ。　　　　　　　　　　　　コッホ

☐ 10. 帰国後、訳詩集『　　　　　』を発表した。　　　於母影

☐ 11. 文芸誌『　　　　　』で浪漫主義を唱えた。　　　しがらみ草紙

☐ 12. 日本の評価をめぐって地質学者 ✓　　　と論争をした。　ナウマン

☐ 13. アンデルセン原作を翻訳した『　　　　　』を著した。　即興詩人

☐ 14. 歴史小説は　　　　　に感銘を受けて書き始めた。　乃木希典の殉死

☐ 15. 史伝小説に『　　　　　』がある。　　　　　　　渋江抽斎

近代

こぼれ話

森鷗外の好きな食べ物に饅頭茶漬けがあります。お茶漬けの上に饅頭を載せたもの
で周囲の人は気持ち悪がったそうですが、食べてみると意外とおいしいものです。

正岡子規 (1867〜1902)

短歌と俳句の革新を唱える。

学校で習ったレベル

☐ 1. 写生に基づく ★ 運動を提唱した。　　　俳句・短歌革新運動

☐ 2. 俳句雑誌『 ★★ 』で活躍した。　　　　ホトトギス

　　　➡この雑誌を主宰したのは ★ である。　高浜虚子

☐ 3. 門人の ★ は、子規の死後、短歌雑誌『 ★ 』　伊藤左千夫、
　　　を創刊した。　　　　　　　　　　　　　アララギ

大人として知っておきたいレベル

☐ 4. ☐☐☐☐ 市で生まれた。　　　　　　　　松山市

☐ 5. 本名は ☑ である。　　　　　　　　　　常規

☐ 6. ☑ に入学して夏目漱石と知り合った。　大学予備門

☐ 7. 現在の ☐☐☐☐ を中退した。　　　　　　東京大学

☐ 8.『 ☐☐☐☐ 』を著し、万葉調の復活と古今調の否定を説　歌よみに与ふる書
　　　いた。

☐ 9. ☐☐☐☐ 会を興した。　　　　　　　　　根岸短歌会

　　　➡機関誌は『 ☐☐☐☐ 』で、子規の死後廃刊となり『ア　馬酔木
　　　ララギ』となった。

☐ 10. 子規の俳句を ☐☐☐☐ 派、短歌を ☐☐☐☐ 派という。　日本派、根岸派

☐ 11. 歌集に『 ☐☐☐☐ 』がある。　　　　　　竹の里歌

☐ 12.『 ☐☐☐☐ 』は、晩年の日記的随筆である。　病牀六尺

☐ 13. 門人の伊藤左千夫の小説の代表作は『 ☐☐☐☐ 』であ　野菊の墓
　　　る。

☐ 14. 野球に熱心であり、ポジションは ☐☐☐☐ である。　捕手

樋口一葉 <ruby>樋<rt>ひ</rt></ruby><ruby>口<rt>ぐち</rt></ruby><ruby>一<rt>いち</rt></ruby><ruby>葉<rt>よう</rt></ruby> (1872 ~ 1896)

貧しい中、わずか1年で数々の大作を残した天才。

学校で習ったレベル

□ 1. 代表作に『 ★★ 』『 ★★ 』がある。

※他の代表作に『大つごもり』『十三夜』などがある。

にごりえ、たけくらべ

大人として知っておきたいレベル

近代

□ 2. ☐☐☐☐で生まれた。

東京

□ 3. 本名は ☑☐☐☐である。

奈津

□ 4. ☐☐☐☐から和歌を学んだ。

中島歌子

　➡ ☑☐☐☐に入門して和歌を学んだ。

萩の舎塾

□ 5. 女流作家 ☑☐☐☐に刺激されて小説家を志した。

三宅花圃

　➡この人物は、明治以降の女性によって書かれた初の小

　説『 ☑☐☐☐』を著した。

藪の鶯

□ 6. 小説は ☑☐☐☐に師事した。

半井桃水

□ 7. 『 ☐☐☐☐』の同人となった。

文学界

□ 8. 初めて発表した作品は『 ☑☐☐☐』である。

闇桜

□ 9. 下谷竜泉寺町に移り、荒物屋・☐☐☐☐屋を開業した。

駄菓子

□ 10. ☐☐☐☐・☐☐☐☐・高山樗牛・斎藤緑雨らが賞賛した。

森鷗外、幸田露伴

□ 11. わずか ☐☐☐☐歳で亡くなった。

24 歳

□ 12. ☑☐☐☐首を超える和歌を残した。

4000 首

こぼれ話

樋口一葉の小説を読んですごく難しいと感じる方は多いと思います。その理由は明治時代の擬古文と呼ばれる特殊な文章にあるということ以上に、全く読点（。）のない文章にあるといわれています。ただ読点がない故に、いつまでも読み続けてしまうという効果もあるのです。樋口一葉の文章はリズムもよく、私自身は現在のラップミュージックと繋がるところがあるような気さえします。当時の言葉など基本的な知識を身につけていればすごく読みやすく楽しい小説です。

与謝野晶子 (1878 ～ 1942)

よ さ の あき こ

恋愛を情熱的に歌い上げた。古典の現代語訳も試みる。

学校で習ったレベル

☐ 1. 雑誌『 ★★★ 』で活躍した。　　　　　　　　　明星

☐ 2. 処女歌集は『 ★★★ 』である。　　　　　　　みだれ髪

☐ 3.「 ★★★ 」で始まる日露戦争の反戦詩を書いた。　君死にたまふこと勿れ

☐ 4. 夫は ★ である。　　　　　　　　　　　　　与謝野鉄幹

大人として知っておきたいレベル

☐ 5. ☐ の生まれである。　　　　　　　　　　　大阪府

☐ 6. 本名は ✍ ☐ という。　　　　　　　　　　　しょう

☐ 7. 旧姓は ✍ ☐ である。　　　　　　　　　　　鳳

☐ 8. 最終学歴は ✍ ☐ 卒である。　　　　　　　　堺女学校

☐ 9. 与謝野鉄幹を慕って ☐ に入った。　　　　　新詩社

☐ 10. 平塚らいてうと『婦人公論』で ☐ 論争をした。　母性保護論争

☐ 11. 日露戦争の反戦詩の正式名称は「 ☐ 」である。　旅順口包囲軍の中に在る弟を歎きて

　　➡ ☐ が、『太陽』で晶子を「乱臣・賊子」と非難した。　大町桂月

☐ 12.『 ☐ 』の口語訳を行なった。　　　　　　　源氏物語

　　➡この作品は『 ☐ 』である。　　　　　　新訳源氏物語

☐ 13. ☐ 人の子どもを産み、育てた。　　　　　　12

こぼれ話

与謝野晶子は妻子ある与謝野鉄幹を奪い取った人物ということで、自由奔放な女性というイメージがあるかもしれませんが、中流家庭の娘であった彼女にとって鉄幹は裕福でなかったため、ものすごい極貧生活を強いられました。またその後与謝野鉄幹が落ちぶれても、たくさんの子供を育てながら死ぬまで彼を支え続けたのです。自由奔放というよりは意志の強い女性であるという印象が強いと私は思います。

滝廉太郎 (1879 ～ 1903)

16 歳で東京音楽学校に入学、23 歳で亡くなった天才作曲家。

学校で習ったレベル

☐ 1. 作曲した作品に「 ★★ 」「箱根八里」「花」がある。　荒城の月

※他の作品に「雀」「鳩ぽっぽ」などがある。

大人として知っておきたいレベル

☐ 2. ☐☐☐☐ 生まれである。　東京

☐ 3. 家は ✔ 藩で代々家老を務めた。　豊後日出藩

☐ 4. ☐☐☐☐ を卒業した。　東京音楽学校

　➡最年少の ✔ 歳で入学した。　16 歳

☐ 5. 1898（明治 31）年、東音秋季音楽会でバッハの

　「 ✔ 」を演奏して注目された。　イタリア協奏曲

☐ 6. 1901 年（明治 34）「 ✔ 」の作曲募集に「荒城の　中学唱歌

　月」「箱根八里」などが当選した。

☐ 7. ☐☐☐☐ に留学したが、わずか 3 ヶ月で病に倒れ、帰　ドイツ

　国後間もなく病死した。

　➡ ✔ に留学した。　ライプチヒ王立音楽院

☐ 8. 代表作に二重唱「花」を含む歌曲集「 ☐☐☐☐ 」がある。　四季

☐ 9. 代表作にピアノ曲「 ✔ 」がある。　メヌエット

☐ 10. ☐☐☐☐ 歳で亡くなった。　23 歳

　➡死因は ☐☐☐☐ である。　結核

☐ 11. 亡くなる 4 ヶ月前に作曲した遺作は「 ☐☐☐☐ 」である。　憾（うらみ）

近代

こぼれ話

滝廉太郎が亡くなった際に結核菌の蔓延を防ぐため未発表の多くの楽譜が燃やされて
しまいました。もしかしたらその中に「荒城の月」を超える名作があったかもしれません。

小泉八雲（1850～1904）
こ いずみ や くも

日本人よりも日本を愛した男。

学校で習ったレベル

教科書に載っていません。

大人として知っておきたいレベル

- □ 1. 本名は ☐ である。 — ラフカディオ＝ハーン

- □ 2. ▼ 生まれの ☐ 人である。 — ギリシャ、イギリス

- □ 3. 寄宿学校在学中、事故で ☐ した。 — 左目を失明

- □ 4. ▼ に渡って新聞記者生活を送った。 — アメリカ

- □ 5. 『 ▼ 』を発表したことをきっかけに東洋への関心 — 西印度諸島の二年間
  を強め、来日した。

- □ 6. ☐ の ▼ と結婚した。 — 松江、小泉節子
  - ➡妻の父は旧 ☐ であった。 — 松江藩士

- □ 7. ▼ 中学校で教鞭を執った。 — 松江中学校

- □ 8. 妻の家が貧しかったため、高給の ☐ 高等学校で — 第五高等学校
  働いた。

- □ 9. 後に ☐ 大学や ☐ （現在の ☐ 大学） — 東京帝国大学、東京専門学校、早稲田大学
  で教鞭を執った。

- □ 10. 出雲に母の故郷 ▼ を重ね合わせ、思いを深めた。 — ギリシャ

- □ 11. 小説『 ☐ 』を著した。 — 怪談

- □ 12. 『 ▼ 』を書いて、「日本人の微笑」などを西洋に — 知られざる日本の面影
  紹介した。

- □ 13. 詩人の ☐ を育てた。 — 上田敏

186

岡倉天心 <ruby>岡<rt>おか</rt></ruby><ruby>倉<rt>くら</rt></ruby><ruby>天<rt>てん</rt></ruby><ruby>心<rt>しん</rt></ruby> (1862～1913)

日本美術の普及に生涯を傾け、英文の著書も多数。

学校で習ったレベル

□ 1. アメリカ人哲学者 ★★★ に師事した。　フェノロサ

□ 2. ★★★ の初代校長となった。　東京美術学校

□ 3. 門弟らと ★★★ を創立した。　日本美術院

□ 4. 門弟に『生々流転』の ★★★ 、『落葉』の ★★★ 　横山大観、菱田春草
がいる。

大人として知っておきたいレベル

□ 5. ◻ の生まれである。　横浜

□ 6. 本名は ▼ である。　覚三

□ 7. ◻ 大学で学んだ。　東京大学

□ 8. 卒業論文は、最初「▼ 論」であったが、妻との　国家論、
痴話げんかで焼かれてしまったため、2週間で「▼ 　美術論
論」を書き上げた。

□ 9. 大学卒業後、▼ に入省した。　文部省

□ 10. ◻ の中国日本部長となり、日本美術を紹介した。　ボストン美術館

□ 11. 著書に『◻ 』や『◻ 』『日本の覚醒』があり、　茶の本、東洋の理想
いずれも英文で書かれた。

近代

こぼれ話

岡倉天心は渡米中、羽織袴で歩いていたところ、若いアメリカ人から「おまえたちは何ニーズ？ チャイニーズ？ジャパニーズ？ ジャワニーズ？」と馬鹿にされました。しかし「私たちは日本の紳士だ、お前こそ何キーだ？ ヤンキー？ ドンキー？ モンキー？」と流暢な英語で言い返したそうです。

北里柴三郎 (1852～1931)

明治時代、世界の細菌学をリードした男。

学校で習ったレベル

☐ 1. ★★ 学者である。 —— 細菌学者

☐ 2. 1889 (明治 22) 年、ドイツで ★★ の純粋培養に —— 破傷風菌
成功し、血清療法を発見した。

☐ 3. 帰国後、1892 (明治 25) 年、東京帝国大学医学部に
対抗して ★★★ を設立した。 —— 伝染病研究所

☐ 4. 1894 (明治 27) 年、香港で ★★★ を発見した。 —— ペスト菌

☐ 5. 伝染病研究所に入った ★★★ は赤痢菌を発見した。 —— 志賀潔

大人として知っておきたいレベル

☐ 6. ☐ の生まれである。 —— 肥後

☐ 7. 1885 (明治 18) 年、☐ に留学して ☐ に —— ドイツ、コッホ
師事した。

☐ 8. 破傷風菌の血清療法は ☐ とともに行なった。 —— ベーリング

➡この人物は「ジフテリアに対する血清療法の研究」で
第 1 回 ☐ を受賞した。 —— ノーベル生理学・医学賞

☐ 9. 1908 (明治 41) 年、日本人として初めてイギリスの
☐ の外国人会員に選ばれた。 —— ロイヤル・ソサエティ

☐ 10. 1914 (大正 3) 年、伝染病研究所が文部省に移管され
ると、実務的な衛生業務を主張して、北里と所員が総
辞職して ☐ を設立した。 —— 北里研究所

☐ 11. 1917 (大正 6) 年、☐ に医学部を創設するにあ —— 慶應義塾
たって医学科長となった。

宮武外骨 _{みや　たけ　がい　こつ}（1867 ～ 1955）

日本のジャーナリズムの祖。権力の腐敗をとことん糾弾。

学校で習ったレベル

教科書に載っていません。

大人として知っておきたいレベル

☐ 1. 東京で _____ を設立した。　　　　　　　　　　　頓智協会

☐ 2. 大阪で『_____』を発刊し、政府批判や風刺を行なっ　　滑稽新聞
　　 たため、再三筆禍に遭った。

☐ 3. _____ の出身である。　　　　　　　　　　　　讃岐

☐ 4. 本名を _____ という。　　　　　　　　　　　亀四郎

　　➡外骨の名は、_____ の外骨内肉にちなむ。これは本　　亀
　　名の最初の文字にちなんだものである。

　　➡のちに読みを「がいこつ」から _____ と変えた。　　トボネ

☐ 5. 吉野作造らと _____ を組織し、明治文化史の研究に　　明治文化研究会
　　向かった。

☐ 6. 東京大学法学部に創設した _____ の主任となった。　　明治新聞雑誌文庫

☐ 7. 著書に『_____』『猥褻風俗史』『賭博史』『私刑類　　筆禍史
　　纂』などがある。

☐ 8.『滑稽新聞』の標語は「過激にして _____ あり」である。　　愛嬌

近代

こぼれ話

宮武外骨は、権力の腐敗をとことん追求したジャーナリストです。その矛先は政治家や官僚、行政機関はもちろんのこと、マスメディアの腐敗すらも徹底的に追及しました。また、明治時代に現在の絵文字にあたるアスキーアートを取り入れて文章を書くなど、非常に遊び心にも長けた言論人でした。彼が今の世相を斬れば、ものすごいフォロワー数のインフルエンサーになっていたかもしれません。

西園寺公望 (1849 ～ 1940)

最後の元老、自由主義を唱え続けた旧公家。

学校で習ったレベル

☐ 1. ★★★ の総裁となり2度首相となった。 立憲政友会

　➡ ★★★ と交互に首相になった時代を ★ 時代 桂太郎、桂園時代
という。

☐ 2. ★★★ 会議の首席全権を務めた。 パリ講和会議

☐ 3. 昭和期には、最後の ★★ として、権力を握った。 元老

大人として知っておきたいレベル

☐ 4. ◻ の次男である。 徳大寺公純

☐ 5. 明治維新後、◻ に留学し、◻ 大学を卒業した。 フランス、パリ大学

☐ 6. ◻ と交流し、自由思想を学んだ。 クレマンソー

☐ 7. ◻ らと『 ◻ 』という新聞を発行し、民権論 中江兆民、
を主張した。 東洋自由新聞

☐ 8. 現在の ◻ 大学、◻ 大学の創設に関わった。 明治大学、
　➡当時の名称は ◻ 、◻ である。 立命館大学
明治法律学校、
京都法政学校

☐ 9. ◻ の憲法調査に同行したことがきっかけで、認め 伊藤博文
られた。

☐ 10. 第二次・第三次伊藤博文内閣の ◻ 大臣となった。 文部大臣

☐ 11. 伊藤博文が政友会総裁を辞任すると、政友会総裁とな 枢密院議長
り ◻ を任じられた。

☐ 12. 爵位は ◻ である。 公爵

原敬 <ruby>原<rt>はら</rt></ruby> <ruby>敬<rt>たかし</rt></ruby> (1856 ～ 1921)

外交官から政友会総裁に。平民宰相と称えられたが刺殺される。

学校で習ったレベル

☐ 1. ★★★ の3代総裁となった。 ……… 立憲政友会

☐ 2. ★★★ 内閣退陣後、首相となった。 ……… 寺内正毅

☐ 3. 爵位を持っていなかったので、 ★★★ と称された。 ……… 平民宰相

☐ 4. 原敬内閣は、 ★★ ・ ★★ ・ ★★ 大臣以外は ……… 陸軍、海軍、外務
立憲政友会党員で組織された。

☐ 5. ★ を掲げ、積極政策を唱えた。 ……… 四大政綱

→ ★ の改善整備、 ★ の整備拡充、 ★ ……… 教育、交通通信、
の振興、 ★ の充実からなる。 産業、国防

☐ 6. 衆議院選挙法を改正し、納税資格を直接国税 ★★ ……… 3円、
円以上に引き下げ ★★ 選挙区制を導入した。 小選挙区制

大人として知っておきたいレベル

☐ 7. ☐☐☐☐ 藩士の子である。 ……… 盛岡

☐ 8. ☐☐☐☐ 次官、 ☐☐☐☐ 公使を歴任した。 ……… 外務次官、朝鮮公使

☐ 9. 退官後、 ☐☐☐☐ 社長となった。 ……… 大阪毎日新聞

☐ 10. 1900（明治33）年の ☐☐☐☐ の創設に参加した。 ……… 立憲政友会

☐ 11. ☐☐☐☐ 大臣、 ☐☐☐☐ 大臣を歴任し、首相となった。 ……… 逓信大臣、内務大臣

☐ 12. 鉄道院を ☐☐☐☐ に改め、鉄道敷設による立憲政友会 ……… 鉄道省
の基盤拡大を図った。

→この行為を「 ☐☐☐☐ 」といわれた。 ……… 我田引鉄

☐ 13. ☐☐☐☐ 駅で刺殺された。 ……… 東京駅

牧野伸顕 (1863 ～ 1949)

世界で初めて人種差別撤廃提案を行なった人物。

学校で習ったレベル

☐ 1. 文部大臣時代、 ★ という展覧会の開催に尽力した。　文展

☐ 2. 文部大臣時代に義務教育の年限を ★★★ 年に延長した。　6

☐ 3. ★★★ で日本側の全権となった。　パリ講和会議

　➡この会議で世界で初めて ★ 提案を行なった。　人種差別撤廃提案

大人として知っておきたいレベル

☐ 4. 実父は [　　　] である。　大久保利通

☐ 5. 曾孫に [　　　] 元首相がいる。　麻生太郎

☐ 6. 実父と [　　　] に随行し、[　　　] (国名) で学んだ。　岩倉使節団、アメリカ

☐ 7. 最終学歴は [　　　] 中退である。　東京開成学校

　➡中退後、[　　　] に入った。　外務省

☐ 8. [　　　] 次官にまで昇進した。　文部次官

☐ 9. その後、[　　　]・[　　　] (国名) の公使を歴任した。　イタリア、オーストリア

☐ 10. 第一次西園寺公望内閣の [　　　] 大臣に就任した。　文部大臣

☐ 11. パリ講和会議から帰ると [　　　] 大臣、[　　　] 大臣を歴任した。　宮内大臣、内大臣

☐ 12. [　　　] で襲撃されたが危うく難を逃れた。　二・二六事件

☐ 13. 最終的な爵位は [　　　] である。　伯爵

こぼれ話

パリ講和会議では、民族自決の原則が唱えられました。そこで日本は、人種差別撤廃提案を行ない賛成多数となりました。しかしアメリカ大統領のウィルソンが突然「このような重要事項は全会一致でなければいけない」と言い出し、人種差別撤廃提案は藻屑と消えてしまいました。

新渡戸稲造 (1862〜1933)

新渡戸稲造 <ruby>新<rt>に</rt></ruby><ruby>渡<rt>と</rt></ruby><ruby>戸<rt>べ</rt></ruby><ruby>稲<rt>いな</rt></ruby><ruby>造<rt>ぞう</rt></ruby>

東大を捨て「太平洋の橋になる」と誓い、それを実現した男。

学校で習ったレベル

□ 1. 1920〜26年、 ★★★ 事務局次長となった。　国際連盟

□ 2.『　　　　』を英文で発表して日本文化を紹介した。　武士道

大人として知っておきたいレベル

□ 3. 　　　　県出身である。　岩手県

□ 4. 父は　　　　藩士である。　南部

□ 5. 　　　　で学んだ。　札幌農学校

　　➡ ここで　　　　の教えに導かれキリスト教に入信した。　クラーク

　　➡ 　　　　らとキリスト教に入信した。　内村鑑三

□ 6. 帝国大学に入るが、　　　　、　　　に留学し、　アメリカ、ドイツ、

　　　　　学を学んだ。　農業経済学

　　➡「　　　　」になることを願い、私費留学を決断した。　太平洋の橋

□ 7. アメリカで　　　　に入信した。　クェーカー

□ 8. 妻の名は　　　　である。　メアリ

□ 9. 　　　　教授、　　　　校長、　　　　教授を歴任した。　京都帝国大学、第一高等学校、東京帝国大学

□ 10. 　　　　の初代学長となった。　東京女子大学

□ 11. 　　　　で亡くなった。　カナダのビクトリア

□ 12.「　　　　と　　　　なくしては　　　　は茶番であり芝居である」という言葉を残した。　信実、誠実、礼儀

近代

吉野作造 (1878〜1933)

大正デモクラシーの指導者。民本主義を提唱。

学校で習ったレベル

☐ 1. ★★★ 主義を唱えた。　　　　　　　　　　　　　　　　民本主義

　　➡これは雑誌『 ★★ 』に発表した論文で唱えたも　　　　中央公論
　　のである。

　　➡この思想は、大日本帝国憲法の枠内で ★★ の長　　　　民主主義
　　所を採用するというものであった。

☐ 2. ★ と ★ による民意の尊重を主張した。　　　　　　普通選挙、
　　　　　　　　　　　　　　　　　　　　　　　　　　　　　政党内閣制

☐ 3. 彼の指導下の東大の学生たちが ★★ を組織した。　　　東大新人会

☐ 4. デモクラシー思想を拡大するため、　　　　 とともに　　福田徳三、
　　 ★★ を組織した。　　　　　　　　　　　　　　　　　黎明会

大人として知っておきたいレベル

☐ 5. 　　　　 門下のクリスチャンである。　　　　　　　　海老名弾正

　　➡門下には友愛会を結成した　　　　 がいる。　　　　　鈴木文治

☐ 6. 　　　　 大学を卒業した。　　　　　　　　　　　　　東京帝国大学

☐ 7. 1906 (明治 39) 年、　　　　 の長子の家庭教師として　袁世凱
　　中国に招かれた。

☐ 8. 1926 (大正 15) 年、　　　　 党の結成に尽力した。　　社会民衆党

☐ 9. 福田徳三・大山郁夫らとともに 1919 (大正 8) 年に創
　　刊された雑誌『　　　　 』の顧問となった。　　　　　　解放

☐ 10. 宮武外骨らと『　　　　 』を編集した。　　　　　　　明治文化全集

こぼれ話

袁世凱は後に中華民国の初代大総統に就任した人物です。作造は彼の子の家庭教師
にもなり、あの宮武外骨と東京大学で『明治文化全集』を編さんしたりと多才です。

市川房枝 <ruby>市<rt>いち</rt></ruby><ruby>川<rt>かわ</rt></ruby><ruby>房<rt>ふさ</rt></ruby><ruby>枝<rt>え</rt></ruby> (1893 ～ 1981)

お金を使わない選挙で、87歳になっても当選を続けた婦人運動家。

学校で習ったレベル

☐ 1. 1920(大正9)年、 **★★★** という婦人団体を設立した。　新婦人協会

☐ 2. 設問1の団体は、 **★★★** とともに結成した。　平塚らいてう

➡この人物は、1911(明治44)年に **★★★** を発足　青鞜社
させた。

➡この人物は、 **★** と女性保護論争を行なった。　与謝野晶子

☐ 3. 設問1の団体は **★★★** の第5条改正に貢献した。　治安警察法

➡改正内容は、女性の **★★** 参加許可である。　政治集会

☐ 4. 設問1の団体は、女性選挙権の獲得を目指して **★★**　婦人参政権獲得期成
に改称した。　同盟会

➡この団体は、1925(大正14)年 **★★** に改称した。　婦選獲得同盟

大人として知っておきたいレベル

☐ 5. ☐ 県の生まれである。　愛知県

☐ 6. 上京後、☐ 婦人部に入り、平塚らいてうに出会った。　友愛会

☐ 7. 新婦人協会設立後、渡米し、帰国後 ▧ の東京支　ＩＬＯ
局に勤めた。

☐ 8. ▧ と婦人参政権獲得期成同盟会を結成した。　<ruby>久<rt>く</rt></ruby><ruby>布<rt>ぶ</rt></ruby><ruby>白<rt>しろ</rt></ruby><ruby>落<rt>おち</rt></ruby><ruby>実<rt>み</rt></ruby>

☐ 9. 戦後、☐ を組織し、理想選挙を唱えた。　新日本婦人同盟

➡現在の ☐ である。　日本婦人有権者同盟

☐ 10. 1953(昭和28)年以降、法定費用をはるかに下回る
選挙費用で、☐ に5回当選した。　参議院議員選挙

☐ 11. 1956(昭和31)年の ☐ 法制定に貢献した。　売春防止法

☐ 12. 1980(昭和55)年の参議院議員選挙では ▧　87、
歳の高齢にもかかわらず ▧ 万票を獲得して当選し　278
た。

近代

195

芥川龍之介 (1892 ～ 1927)

あくた　がわ　りゅう　の　すけ

友人菊池寛に芥川賞を創設させた早世の天才。

学校で習ったレベル

□ 1. ┌──★★──┐派の作家である。　　　　　　　　　　　　　　新思潮派

□ 2. 第三次『　★　』を創刊した。　　　　　　　　　　　　　　新思潮

□ 3.『　★★　』『　★　』は、『今昔物語集』を素材と　　　　羅生門、鼻
　　した作品である。

大人として知っておきたいレベル

□ 4. ┌────┐在学中、『新思潮』を創刊した。　　　　　　東京帝国大学

　　➡ ┌────┐・┌────┐らと創刊した。　　　　　　菊池寛、久米正雄

□ 5. 1916（大正5）年、『鼻』が ┌────┐ に認められて文　　夏目漱石
　　壇に躍り出た。

□ 6. 新思潮派の作家 ┌────┐ が創刊した『 ┌────┐ 』に多　　菊池寛、文藝春秋
　　くの作品を残した。

　　➡この雑誌が ┌────┐ 賞を創設した。　　　　　　　　　芥川賞

□ 7.『 ┌────┐ 』は、┌────┐ を擬人化して、人間の存在に　　河童、河童
　　厳しい批判を加えた風刺小説である。

□ 8. 自殺したときの遺書には「将来に対する唯 ┌────┐」と　　ぼんやりした不安
　　書かれていた。

□ 9. 彼の命日を ┌────┐ という。　　　　　　　　　　　　　河童忌

□ 10. 子は俳優の ┌────┐ と、作曲家の ┌────┐ である。　　芥川比呂志・也寸志

□ 11. 第1回芥川賞は ┌────┐ の『 ┌──▼──┐ 』である。　　石川達三、蒼氓

こぼれ話

優れた文学的才能を持った芥川龍之介ですが、彼の書いたラブレターは意外と気持ち
悪い。「文ちゃんがお菓子なら頭から食べてしまいたい位可愛い」。

野口英世 (のぐちひでよ) (1876 ～ 1928)

梅毒と黄熱病の研究で世界的に有名になった日本人。

学校で習ったレベル

□ 1. ［ ★ ］病の研究を行なった。 — 黄熱病

大人として知っておきたいレベル

□ 2. ［ ］県で生まれた。 — 福島県

□ 3. 幼名を［ ］という。 — 清作

□ 4. 幼児期に［ ］に火傷を負った。 — 左手

□ 5. 苦学して 1897 (明治 30) 年、［ ］に合格した。 — 医術開業後期試験

□ 6. 日本の［ ］で細菌学を研究した。 — 伝染病研究所

□ 7. 渡米し、［ ］大学の助手となった。 — ペンシルヴァニア大学

□ 8. アメリカで［ ］研究所の発足とともに所属した。 — ロックフェラー医学研究所

□ 9. ［ ］の研究を行なった。 — 蛇毒

□ 10. ［ ］の純粋培養に成功した。 — 梅毒スピロヘータ

➡ この成果で［ ］賞候補にもなった。 — ノーベル賞

□ 11. 1913 (大正 2) 年、進行性麻痺と脊髄癆が［ ］性疾患であることを証明した。 — 梅毒

□ 12. 1918 (大正 7) 年、南米の［ ］で黄熱病原体を発見したと発表した。 — エクアドル

□ 13. 自らの発見を証明するため、アフリカ西部の［ ］の首都［ ］に出張するが、黄熱病に感染し病没した。 — ガーナ、アクラ

こぼれ話

野口英世は留学の際に医師を志す女子大生と結婚します。その際に得た持参金 300円と友人から借りた 200 円、現在の貨幣価値で合計 1000 万円を、留学前に全て芸者遊びに使ってしまいました。

宮沢賢治 (1896 ~ 1933)

夭折の天才詩人は、実弟の尽力で偉人に。

学校で習ったレベル

□ 1. 晩年、病床で「[____]」という詩を書いた。 | 雨ニモマケズ

大人として知っておきたいレベル

□ 2. [____]県で生まれた。 | 岩手県

□ 3. 少年時代、鉱物採集に熱心だったため「[____]」と呼ばれた。 | 石コ賢さん

□ 4. 初恋の相手は [____] である。 | 看護婦

□ 5. [____]学校を卒業した。 | 盛岡高等農林

□ 6. [____]の教諭となった。 | 稗貫(花巻)農学校

□ 7. 上京前に書いた童話に『[____]』『[____]』がある。 | 蜘蛛となめくじと狸、双子の星

□ 8. [____]宗の熱心な信者となり、布教のため上京。昼は布教活動、夜は童話創作に没頭した。 | 日蓮宗

　　➡きっかけは『[____]』を読んだことであった。 | 妙法蓮華教

□ 9. 帰京後、詩を書き始め、詩集『[____]』と童話集『[____]』を自費出版した。 | 春と修羅、注文の多い料理店

□ 10. 農学校生徒を指揮して自作の劇『[____]』を毎年のように上演した。 | 飢餓陣営

□ 11. 晩年は、花巻市郊外で開墾自炊生活に入り、[____]協会を設立して農民指導に献身した。代表作に童話『[____]』『[____]』などがある。 | 羅須地人**協会**　銀河鉄道の夜、風の又三郎

□ 12. 没後、詩人の [____]・高村光太郎らの尽力で作品が世に広まった。 | 草野心平

　　➡弟の [____] も尽力した。 | 清六

江戸川乱歩 （1894～1965）
えどがわらんぽ

日本の推理小説の基盤を築く。西村京太郎や東野圭吾も生んだ。

学校で習ったレベル

☐ 1. 日本の ［ ★ ］ 小説の基盤を築いた。 | 探偵小説

大人として知っておきたいレベル

☐ 2. ［＿＿＿］県で生まれた。 | 三重県

☐ 3. 本名は ［✎＿＿］ である。 | 平井太郎

☐ 4. ［＿＿＿］大学 ［＿＿＿］学部を卒業した。 | 早稲田大学、政治経済学部

☐ 5. 筆名はアメリカの詩人・小説家 ［＿＿＿］ をもじったものである。 | エドガー＝アラン＝ポー

☐ 6. 『［＿＿＿］』で文壇にデビューした。 | 二銭銅貨

☐ 7. 『［＿＿＿］』『［＿＿＿］』『［＿＿＿］』などの本格的推理小説を発表した。 | 黒蜥蜴、人間椅子、陰獣

☐ 8. 少年向けの推理小説に『［＿＿＿］』や『［＿＿＿］』がある。 | 怪人二十面相、少年探偵団

☐ 9. ［＿＿＿］協会の初代会長となった。 | 日本推理作家協会

　　➡この団体の当初の名は ［✎＿＿］ である。 | 探偵作家クラブ

☐ 10. 1954（昭和29）年、自らの寄付で ［＿＿＿］賞を創設した。 | 江戸川乱歩賞

　　➡主な受賞者に陳舜臣・［＿＿＿］（第11回）・［＿＿＿］（第15回）・［＿＿＿］（第31回）らがいる。 | 西村京太郎、森村誠一、東野圭吾

☐ 11. 東京の邸宅と ［✎＿＿］ と呼ばれた土蔵は、隣接する ［✎＿＿］ が購入し、「江戸川乱歩記念大衆文化センター」として公開されている。 | 幻影城、立教大学

近代

南方熊楠 (1867 ~ 1941)

みな かた くま ぐす

和歌山の天才。生涯を着物で通し奇行が多い。

学校で習ったレベル

教科書にはほとんど載っていません。

大人として知っておきたいレベル

- □ 1. [　　　] 県で生まれた。 — 和歌山県

- □ 2. 最終学歴は [　　　] 中退である。 — 大学予備門

- □ 3. 中退後、[　　　] に留学し、[　　　] 大学に入学するが中退した。 — アメリカ、ランシング大学

- □ 4. 中退後、[　　　] を放浪し、動植物の観察・採集を行なった。 — 中南米

- □ 5. 1892 (明治 25) 年、[　　　] に渡った。 — イギリス

- □ 6. ロンドン学会の [　　　] 懸賞論文に当選し、学会で認められた。 — 天文学懸賞論文

- □ 7. [　　　] 数カ国語に通じていた。 — 十

- □ 8. [　　　] の東洋調査部員となった。 — 大英博物館
    - ➡ 亡命中の [　　　] と交遊した。 — 孫文

- □ 9. 70 種類の新しい [　　　] 種を発見した。 — 粘菌種

- □ 10. 帰国後は、和歌山県 [　　　] 市で粘菌の採集や [　　　] の研究に没頭した。 — 田辺市、民俗学

- □ 11. [　　　] のため、裸で過ごすことが多かった。 — 多汗症

- □ 12. 徹夜するときは必ず [　　　] を 6 個食べた。 — あんパン

- □ 13. 猫が好きで飼い猫には必ず [　　　] という名をつけた。 — チョボ六

- □ 14. [　　　] とともに男色の研究を行なった。 — 江戸川乱歩

- □ 15. 彼の脳は [　　　] にホルマリン漬けで保存されている。理由は、生前幻覚をよく見るため、死後、脳を調べるよう依頼したからである。 — 大阪大学

犬養毅 <ruby>犬<rt>いぬ</rt></ruby><ruby>養<rt>かい</rt></ruby><ruby>毅<rt>つよし</rt></ruby> (1855 ～ 1932)

連続 18 回当選、射殺寸前「話せばわかる」と残した。

学校で習ったレベル

☐ 1. 1882 (明治 15) 年の ★ 結成に参加した。 ｜ 立憲改進党

☐ 2. 1910 (明治 43) 年、★★★ を創立した。 ｜ 立憲国民党

➡この政党で ★★★ 運動の中心人物となった。 ｜ 第一次護憲運動

☐ 3. 1922 (大正 11) 年、★★★ を組織し、★★★ 運動 ｜ 革新倶楽部、第二次護憲運動
の中心人物となった。

☐ 4. 1931 (昭和 6) 年、★★★ 〈政党名〉の内閣を組織した。 ｜ 立憲政友会

☐ 5. ★★★ の建国と承認に反対した。 ｜ 満州国

☐ 6. 1932 (昭和 7) 年、★★★ で暗殺された。 ｜ 五・一五事件

大人として知っておきたいレベル

☐ 7. □□□□ 県に生まれた。 ｜ 岡山県

☐ 8. 1882 (明治 15) 年より □□□□ 議員を務めた。 ｜ 東京府会議員

☐ 9. 1890 (明治 23) 年の第1回 □□□□ 選挙以来、亡く ｜ 第 1 回衆議院議員選挙
なるまで一度も落選しなかった。

☐ 10. 連続 □□□ 回当選し、□□□ 年間衆議院に議席を ｜ 18 回、42 年間
有した。

☐ 11. 第一次大隈重信内閣の □□□□ 大臣を務めた。これは ｜ 文部大臣
尾崎行雄が辞職したのを受けてのことである。

☐ 12. 五・一五事件には右翼団体の □□□□ が参加した。 ｜ 愛郷塾

☐ 13. 五・一五事件は、首相官邸・□□□・□□□ を襲っ ｜ 警視庁、日本銀行
た事件である。

☐ 14. 射殺される直前「□□□□」といったところ、「□□□□」 ｜ 話せばわかる、問答無用
といわれて射殺された。

近代

高橋是清 (1854 ~ 1936)

二度の恐慌から日本を見事蘇らせた財政の天才。

学校で習ったレベル

- [ ] 1. ★★★ 首相暗殺後、首相となった。 — 原敬
- [ ] 2. 立憲政友会の ★★★ 内閣、★★★ 内閣の蔵相を務めた。 — 田中義一内閣、犬養毅内閣
- [ ] 3. 金融恐慌を ★★★ で収束させた。 — モラトリアム
- [ ] 4. 昭和恐慌を ★★★ で収束させた。 — 金輸出再禁止
- [ ] 5. 海軍の ★★★ 内閣、★★★ 内閣の蔵相を務めた。 — 斎藤実内閣、岡田啓介内閣
- [ ] 6. ★★★ で暗殺された。 — 二・二六事件

大人として知っておきたいレベル

- [ ] 7. ☐ で生まれた。 — 江戸
- [ ] 8. ☐ や ☐ など、日本の財産権制度の生みの親といわれる。 — 特許、商標
- [ ] 9. 苦学して渡米し、帰国後 ☐ の書生となった。 — 森有礼
- [ ] 10. 文部省、農商務省を経て、☐ に入行した。 — 日本銀行
- [ ] 11. 日露戦争の ☐ で活躍し、☐ となった。 — 外債募集、日銀総裁
- [ ] 12. ☐ 内閣、原敬内閣の蔵相を歴任した。 — 山本権兵衛
- [ ] 13. ☐ を務めた後、一時政界から引退した。 — 政友会総裁
- [ ] 14. 犬養毅内閣で、☐ を意図的に低下させ、円安を利用して輸出を増やす政策を推進した。 — 円為替相場
- [ ] 15. 金輸出再禁止と ☐ 発行で、軍需インフレ政策を推進した。 — 赤字公債

202

廣田弘毅 <ruby>廣<rt>ひろ</rt></ruby><ruby>田<rt>た</rt></ruby><ruby>弘<rt>こう</rt></ruby><ruby>毅<rt>き</rt></ruby> (1878 ～ 1948)

文官で唯一A級戦犯で死刑に。ソ連を仲介に和平交渉を模索。

学校で習ったレベル

☐ 1. ★★★ 事件の後、首相となった。　二・二六事件

☐ 2. 文官で唯一 ★★ で死刑となった。　A級戦犯

☐ 3. 彼の内閣は ★★★ に調印した。　日独防共協定

☐ 4. 彼の内閣は ★★★ を復活させた。　軍部大臣現役武官制

近代

大人として知っておきたいレベル

☐ 5. ＿＿＿ 県の生まれである。　福岡県

☐ 6. ＿＿＿ を卒業し、＿＿＿ 省に入省した。　東京帝国大学、外務省

☐ 7. ＿＿＿ 大使を経て、＿＿＿ 内閣の外相となった。　ソ連大使、斎藤実内閣

➡その後、＿＿＿ 内閣・＿＿＿ 内閣の外相を務めた。　岡田啓介内閣、第一次近衛文麿内閣

☐ 8. 1934（昭和9）年、中国に対する欧米の共同援助に反対する方針を発表した。これを ＿＿＿ 声明という。　天羽声明

☐ 9. 右翼団体の ＿＿＿ 社と関係があった。　玄洋社

☐ 10. 木戸幸一とともに ＿＿＿ を首相に推薦した。　東條英機

☐ 11. 終戦直前、＿＿＿ の仲介による和平交渉にあたるが失敗した。　ソ連

☐ 12. A級戦犯として ＿＿＿ の外交責任を問われ、死刑となった。　南京事件

☐ 13. 死刑判決を受け、＿＿＿ 刑に処された。　絞首刑

➡死刑判決は1948年11月12日に出され、全員の刑が ＿＿＿ 年 ＿＿＿ 月 ＿＿＿ 日に執行された。　1948年12月23日

東條英機 (1884 〜 1948)

とう じょう ひで き

陸軍統制派の中心人物で、太平洋戦争（大東亜戦争）を指揮。

学校で習ったレベル

☐ 1. 永田鉄山とともに ★★★ 派の中心人物となった。

統制派

☐ 2. ★★★ 内閣・ ★★★ 内閣の陸相となった。

第二次近衛文麿内閣
第三次近衛文麿内閣

☐ 3. 首相となって ★★★ を開戦した。

太平洋戦争（大東亜
戦争）

☐ 4. ★★★ をきっかけに総辞職した。

サイパン陥落

☐ 5. ★★★ 裁判で、 ★★★ となり死刑となった。

極東国際軍事裁判、
A級戦犯

大人として知っておきたいレベル

☐ 6. 父は陸軍中将の [?] である。

東条英教

☐ 7. _____ （第 17 期）と、_____ を卒業した。

陸軍士官学校、
陸軍大学

☐ 8. 陸軍省 _____ 局の初代 _____ 課長として総力戦の
準備を推進した。

整備局、動員課長

☐ 9. 1937（昭和 12）年、_____ 参謀長となった。

関東軍参謀長

☐ 10. 1938（昭和 13）年、板垣征四郎陸軍大臣のもとで
_____ となった。

陸軍次官

☐ 11. 東条内閣は組閣時、_____ 大臣と _____ 大臣を兼
任した。

陸軍大臣、内務大臣

☐ 12. その後、_____ 、_____ 大臣、_____ 大臣も兼任
した。

参謀総長、商工大臣、
軍需大臣

☐ 13. 1945（昭和 20）年 9 月 _____ 自殺未遂を起こした。

ピストル自殺

山本五十六 （やまもといそろく） (1884 ～ 1943)

連合艦隊の英雄。ソロモン諸島上空に散る。

学校で習ったレベル

☐ 1. ［ ★ ］作戦の構想をまとめた。　　　真珠湾攻撃

大人として知っておきたいレベル

☐ 2. ［　　　］県の現［　　　］市の生まれである。　新潟県、長岡市

☐ 3. 五十六の名は［　　　］から付けられた。　父の年齢

☐ 4. ［　　　］・［　　　］を卒業した。　海軍兵学校、
　　　➡卒業後、［　　　］大学で学んだ。　海軍大学
　　　　　　　　　　　　　　　　　　　　　ハーバード大学

☐ 5. 1936（昭和11）年、永野修身海軍大臣のもとで　海軍次官
　　　［　　　］となった。

☐ 6. 海軍兵学校卒業後、1905（明治38）年の［　　　］で　日本海海戦
　　　重傷を負った。

☐ 7. 空母［　　　］の艦長などを務めた。　赤城

☐ 8. 太平洋戦争（大東亜戦争）開戦時、［　　　］であった。　連合艦隊司令長官

☐ 9. 前線作戦指導中、［　　　］諸島の［　　　］上空で戦死　ソロモン諸島、
　　　した。　　　　　　　　　　　　　　　　　　　　　　　ブーゲンビル島

☐ 10. 没後、［　　　］を贈られた。　元帥

☐ 11. 「［　　　］みせ言って聞かせて［　　　］みて［　　　］　やって、させて、
　　　やらねば人は動かじ」という言葉を残した。　ほめて

近代

こぼれ話

連合艦隊とは、2個以上の艦隊で編成される、日本海軍の外洋作戦担当の中核部隊
のことです。

杉原千畝 (1900 ~ 1986)

命のビザを発給し、多くのユダヤ人を救った。

学校で習ったレベル

☐ 1. ［　　　　］の迫害を受けたユダヤ人難民に日本通過のビザを発給した。

➡これは［　　　　］のビザと呼ばれる。

ナチス

命のビザ

大人として知っておきたいレベル

☐ 2. ［　　　　］県の生まれである。

岐阜県

☐ 3. ［　　　　］の首都 ✏［　　　　］の日本領事館代理であった。

リトアニア、カウナス

☐ 4. 約［　　　　］人の命を救ったといわれる。

➡要件を満たさないユダヤ人難民にも人道上ビザの発給を認めるよう［　　　　］に願い出たが認められず、独断でビザを発給した。

6000

外務省

☐ 5. 領事館はすでに閉鎖が決まっていたが、出国直前までの約［　　　　］日間発給を続けた。

30

☐ 6. 1947（昭和 22）年、訓令違反のビザ発給を理由に［　　　　］を退職に追い込まれた。

外務省

☐ 7. 1969（昭和 44）年、［　　　　］政府が勲章を授けたことをきっかけに、このエピソードが知られるようになった。

イスラエル

☐ 8. 1985（昭和 60）年に、イスラエル政府から「諸国民の中の［　　　　］の人」として表彰された。

正義の人

☐ 9. 1991（平成 3）年、［　　　　］の首都にある通りが「スギハラ通り」と名付けられた。

リトアニア

☐ 10. 工場で働くユダヤ人を救ったドイツ人実業家になぞらえて、「日本の［　　　　］」と呼ばれる。

シンドラー

☐ 11. 2000（平成 12）年、［　　　　］外務大臣が遺族に謝罪した。

河野洋平

第**5**章

現代

吉田茂 <ruby>吉<rt>よし</rt></ruby><ruby>田<rt>だ</rt></ruby><ruby>茂<rt>しげる</rt></ruby>（1878 ～ 1967）

終戦後、長年首相を務め、日米の同盟関係を築いた。

学校で習ったレベル

☐ 1. 1946 年、公職追放となった ☐☐☐☐ の代わりに内閣 を組閣した。

鳩山一郎

☐ 2. 第一次内閣は ☐☐☐☐ を与党とした。

日本自由党

☐ 3. ☐☐☐☐ の全権となり日本を独立に導いた。

サンフランシスコ講和会議

➡ この結果結ばれた条約が ☐☐☐☐ である。

サンフランシスコ平和条約

➡ この条約と同日に ☐☐☐☐ に調印し、アメリカとの関 係を構築した。

日米安全保障条約

※これにより軍事負担が少なく済ませることができ、日本の高度経済成長へとつながった。

☐ 4. 第五次内閣の際に ☐☐☐☐ 疑獄があったため総辞職した。

造船疑獄

➡ この事件は、当時幹事長を務めていた ☐☐☐☐ の逮 捕請求に対して、指揮権を発動し、逮捕できないように したために起こった。

佐藤栄作

➡ このとき指揮権を発動した法務大臣は ☐☐☐☐ であ る。

犬養健

大人として知っておきたいレベル

☐ 5. ☐☐☐☐（都道府県）の生まれである。

東京都

☐ 6. 実父は、土佐自由党の指導者 ☐☐☐☐ である。

竹内綱

☐ 7. 幼児期に ☐☐☐☐（職業名）の吉田健三の養子となった。

貿易商

☐ 8. 宮廷に力を持っていた ☐☐☐☐ の娘婿にあたる。

牧野伸顕

※自由党の指導者、貿易省、政治の黒幕を父に持ったことが、後の彼の人格を形成していったといわれる。

☐ 9. ＿＿＿＿（大学名）卒業後、＿＿＿＿に入省した。

東京帝国大学、外務省

☐ 10. 大学の同期には、後に首相となった＿＿＿＿がいる。

廣田弘毅

☐ 11. 戦前は＿＿＿＿総領事として日本権益の拡大に務めた。

奉天

☐ 12. 第二次世界大戦末期に、元首相の＿＿＿＿とともに和平工作を企てたため、陸軍刑務所に収監された 。

近衛文麿

現代

☐ 13. 戦後＿＿＿＿内閣・＿＿＿＿内閣のもとで外務大臣を務めた。

東久邇宮稔彦・幣原喜重郎

☐ 14. 第四次内閣は彼の暴言により解散したため＿＿＿＿解散と呼ばれる。

バカヤロー**解散**

☐ 15. 吉田学校出身者からは＿＿＿＿・＿＿＿＿などが首相となった。

池田勇人・佐藤栄作

※吉田学校とは吉田茂の薫陶を受けた政界の一派のことです。

☐ 16. 孫の＿＿＿＿は、子どもの頃、彼に上野の＿＿＿＿に連れて行かれたと著書に記している。

麻生太郎、鈴本演芸場

➡落語好きで＿＿＿＿を贔屓にしており、時折首相官邸に呼んで落語を演じさせた。

六代目春風亭柳橋

☐ 17. マッカーサーからの書簡にあった＿＿＿＿という文字を＿＿＿＿に翻訳させて公表した。

Dear、

親愛なる

※これを聞いたマッカーサーは吉田茂に宛てた手紙の冒頭に「Dear」を入れるのをやめた。

白洲次郎 しらすじろう (1902 ～ 1985)

マッカーサーと渡り合った吉田茂の懐刀。

学校で習ったレベル

教科書には載っていません。

大人として知っておきたいレベル

□ 1. [　　　　　]（都道府県）の生まれ。　　　　　　　　　　兵庫県

□ 2. [　　　　　]大学を卒業した。　　　　　　　　　　　ケンブリッジ大学

□ 3. 父の経営していた [　　　　　] が金融恐慌の煽りを受け倒産　白洲商店
したため、留学を断念し日本へ帰国した。

□ 4. 戦前は [　　　　　] の取締役を務めた。　　　　　　　　日本水産

□ 5. 商談などで海外に赴くことが多かったため、そこで駐イ
ギリス特命全権大使であった [　　　　　] と知己になった。　吉田茂

□ 6. 尾崎秀実らとともに [　　　　　] のブレーンとして行動した。　近衛文麿

□ 7. 戦時中は農家を購入し、そこを [　　　　　] と名付け農業　武相荘 ぶあいそう
に勤しんだ。

□ 8. 1945（昭和 20）年、[　　　　　] となり、官界に入り、吉　終戦連絡中央事務局
田茂の懐刀となった。　　　　　　　　　　　　　　　　　次長

□ 9. GHQ の要求に対して主張すべきことを毅然として英語で
主張したため、GHQ の要人から「[　　　　　] ならざる唯　従順
一の日本人」といわれた。

□ 10. 1949（昭和 24）年、初代 [　　　　　] 長官となった。　貿易庁

➡ このとき、汚職根絶を目指して商工省を改組し
[　　　　　] 省を設立した。　　　　　　　　　　　　通商産業省

➡ この際の辣腕ぶりは「白洲 [　　　　　]」と評価された。　白洲三百人力

□ 11. 日本で初めて [　　　　　] を着用した人物とされる。　ジーンズ

210

池田勇人 _{いけ だ はや と} (1899 ~ 1965)

経済の池田と呼ばれた高度経済成長の立役者。

学校で習ったレベル

☐ 1. ☐☐☐☐☐ をスローガンとし、革新勢力との対立を避けた。 | 寛容と忍耐

☐ 2. ☐☐☐☐☐ をスローガンとし、高度経済成長政策を推進した。 | 所得倍増

➡このスローガンは ☐☐☐☐ 年に実現した。 | 1967 年

☐ 3. ☐☐☐☐☐ 貿易と呼ばれる中華人民共和国との準政府間貿易を実現させた。 | LT 貿易

現代

大人として知っておきたいレベル

☐ 4. ☐☐☐☐☐ (都道府県) の出身である。 | 広島県

☐ 5. ☐☐☐☐☐ (大学名) 卒業後、☐☐☐☐☐ に入省した。 | 京都帝国大学、大蔵省

☐ 6. ☐☐☐☐☐・☐☐☐☐☐ などの占領下の経済政策を実行した。 | ドッジ=ライン、シャウプ勧告

☐ 7. 1951 (昭和 26) 年、☐☐☐☐☐ 会議の全権代表となった。 | サンフランシスコ講和

☐ 8. 1952 (昭和 27) 年、☐☐☐☐☐ のとき、失言問題で辞職した。 | 通産大臣

➡このときの失言に「☐☐☐☐☐ の一部倒産もやむをえない」がある。 | 中小企業

➡このときの失言に「貧乏人は ☐☐☐☐☐ を食え」がある。 | 麦

☐ 9. ☐☐☐☐☐ の際に、指揮権が発動され、政治生命を救われた。 | 造船疑獄

☐ 10. ☐☐☐☐☐ を最初の女性大臣 (厚生大臣) として入閣させた。 | 中山マサ

211

田中角栄 <ruby>田<rt>た</rt></ruby><ruby>中<rt>なか</rt></ruby><ruby>角<rt>かく</rt></ruby><ruby>栄<rt>えい</rt></ruby>（1918 ～ 1993）

貧しい環境から首相にまでなった人物。晩年に逮捕される。

学校で習ったレベル

☐ 1. ◻◻◻◻◻論で、新幹線と高速道路網によって地方都市と　　日本列島改造
大都市と結びつけることを主張した。

☐ 2. ◻◻◻◻◻を発表し、中華人民共和国との国交を正常化さ　　日中共同声明
せた。

➡当時の中国の首相は ◻◻◻◻◻ である。　　周恩来

☐ 3. 第四次中東戦争をきっかけに ◻◻◻◻◻ が起こり、物価　　石油危機
が高騰した。

➡このときの物価上昇を ◻◻◻◻◻ という。　　狂乱物価

☐ 4. 首相退陣後、◻◻◻◻◻ 事件で逮捕された。　　ロッキード事件

大人として知っておきたいレベル

☐ 5. ◻◻◻◻◻ 県の出身である。　　新潟県

☐ 6. 「今 ◻◻◻◻◻ 」、「 ◻◻◻◻◻ 宰相」などと呼ばれた。　　今太閤、庶民宰相

☐ 7. ◻◻◻◻◻ 卒業後、進学を断念して上京した。　　高等小学校

➡上京後、働きながら夜間の ◻◻◻◻◻ を卒業した。　　中央工学校

☐ 8. 第二次世界大戦中 ◻◻◻◻◻ を設立した。　　田中土建工業

☐ 9. 衆議院議員になると ◻◻◻◻◻ 派に所属した。　　佐藤

☐ 10. 国会議員になると ◻◻◻◻◻ 問題で逮捕されるが、後に　　炭鉱国家管理問題
無罪となった。

☐ 11. 岸信介内閣の下で ◻◻◻◻◻ 大臣となり初入閣した。　　郵政大臣

☐ 12. ◻◻◻◻◻ 歳の若さで首相となった。　　54 歳

☐ 13. 首相に就任すると「 ◻◻◻◻◻ と ◻◻◻◻◻ 」というスロー　　決断と実行
ガンを掲げた。

松下幸之助 (1894～1989)

パナソニックの創業者。成功者の代表ともいえる人物。

学校で習ったレベル

☐ 1. ＿＿＿＿＿（後のパナソニック）を創設して高度経済成長を
推進した。
> 松下電器産業

大人として知っておきたいレベル

☐ 2. ＿＿＿＿＿の神様という異名を持つ。
> 経営の神様

☐ 3. ＿＿＿＿＿（都道府県）の生まれである。
> 和歌山県

☐ 4. 小学校中退後、＿＿＿＿＿（地名）へ奉公に出た。
> 大阪

☐ 5. 五代自転車で奉公をしている時に、寿屋の ＿＿＿＿＿ と
出会い、生涯にわたって交流を続けた。
> 鳥井信治郎

☐ 6. その後、現在の関西電力である ＿＿＿＿＿ の見習い工員
となった。
> 大阪電灯

☐ 7. 1917（大正6）年、改良 ＿＿＿＿＿ を考案した。
> ソケット

※これは簡単に電球を取り外すことができるソケットであった。
※翌年、ソケットの製造所である松下電気器具製作所を設立した。

☐ 8. 1923（大正12）年、＿＿＿＿＿ 用乾電池式ランプを開発
した。
> 自転車

☐ 9. 1946（昭和21）年、＿＿＿＿＿ 研究所を創設した。
> PHP研究所

☐ 10. 1979（昭和54）年、政治や経済界のリーダーを育成
するため ＿＿＿＿＿ 創設した。
> 松下政経塾

☐ 11. 彼の経営の特徴は ＿＿＿＿＿ 部制、＿＿＿＿＿ 店制度、
＿＿＿＿＿ 価販売制である。
> 事業部制・連盟店制度・
> 正価販売制

☐ 12.「供給力の増大によっていかなる必要物資も無料同然と
なる」という ＿＿＿＿＿ の哲学を経営理念とする。
> 水道の哲学

現代

本田宗一郎 (1906 ~ 1991)

世界のホンダの創業者。

学校で習ったレベル

□ 1. ［　　　　］を創設して高度経済成長を推進した。 　　本田技術研究所

大人として知っておきたいレベル

□ 2. ［　　　　］卒業後自動車修理工場に入社した。 　　高等小学校

□ 3. ［　　　　］県［　　　　］市で自動車部品製造会社を設立し　　静岡県、浜松市
た。

□ 4. 1946（昭和 21）年、本田技術研究所を創業し自転車
に小型エンジンを載せた通称［　　　　］を発売した。 　　バタバタ

□ 5. 1948（昭和 23）年、本田技研工業を設立して
［　　　　］の製造に乗り出した。 　　オートバイ

□ 6. 1949（昭和 24）年に本田技研工業が初めて発売した
オートバイの名前は［　　　　］である。 　　ドリーム号

□ 7. その後、［　　　　］号、［　　　　］号などのヒットを生んだ。 　　ベンリイ号、
　　スーパーカブ号

□ 8. オートバイのエンジンと車体の［　　　　］生産を開始し、 　　一貫生産
1955（昭和 30）年、二輪車の生産台数で国内第 1 位
となった。

□ 9. 1961（昭和 36）年、イギリスのマン島で行なわれた
［　　　　］に圧勝した。 　　オートバイレース

□ 10. 1962（昭和 37）年、［　　　　］の生産に乗り出した。 　　自動車

□ 11. 1964（昭和 39）年より、自動車レースの最高峰
［　　　　］に参加した。 　　F1

□ 12. 「会社は［　　　　］のものではない」という言葉を残して　　一族
1973（昭和 48）年に社長を引退した。

出光佐三 (1885 ~ 1981)
<ruby>出<rt>いで</rt>光<rt>みつ</rt>佐<rt>さ</rt>三<rt>ぞう</rt></ruby>

海賊と呼ばれた男。60 歳から裸一貫で立ち上がる。

学校で習ったレベル

教科書には登場しません。

大人として知っておきたいレベル

☐ 1. [　　　] の創業者である。　　　　　　　　　　　　　　出光興産

☐ 2. [　　　] (都道府県名) の出身である。　　　　　　　　　福岡県

☐ 3. 現在の [　　　] 大学を卒業した。　　　　　　　　　　　神戸

☐ 4. [　　　] の資産家日田重太郎の息子の家庭教師を務め　　淡路島
　　　ていたことが縁となり、資金に 6000 円を渡され 25 歳
　　　で独立した。

☐ 5. 1911 (明治 44) 年、[　　　] (地名) で石油販売業を始　　門司
　　　めた。

☐ 6. 1914 (大正 3) 年、南満州鉄道に [　　　] を納入する　　車軸油
　　　ことに成功し中国に進出した。

☐ 7. 1935(昭和 10) 年、[　　　] の石油専売制に反対した。　満州国

☐ 8. 1937 (昭和 12) 年には多額納税者として [　　　] に　　貴族院議員
　　　選任された。

☐ 9. 1952 (昭和 27) 年、日本が独立すると、タンカー
　　　[　　　] を建造し石油の買い付けを行なった。　　　　　日章丸二世
　　　➡このとき [　　　] (国名) が国有化した石油を買い付け　イラン
　　　た。

☐ 10. 1966 (昭和 41) 年には [　　　] 美術館を設立した。　　出光美術館

☐ 11. 彼の名言に「出光の仕事は [　　　] にあらず、[　　　]　金儲け、人間
　　　を作ることである」というものがある。

現代

太宰治（だざい おさむ）(1909 ～ 1948)

走れメロス、斜陽、人間失格などを残す。

学校で習ったレベル

☐ 1. 代表作に、自意識崩壊の告白を綴った『　　　　』『　　　　』などがある。
斜陽、
人間失格

大人として知っておきたいレベル

☐ 2. 　　　　派を代表する作家である。
無頼派

☐ 3. 　　　　に師事し、　　　　の庇護を受けた。
井伏鱒二、佐藤春夫

☐ 4. 　　　　(都道府県名)生まれの作家である。
青森県

☐ 5. 実家は津軽屈指の　　　　である。
大地主

☐ 6. 本名を　　　　という。
津島修治

☐ 7. 　　　　大学　　　　科を中退した。
東京帝国大学、
仏文科

☐ 8. 大学入学後、　　　　運動に関わりを持ったため実家から除籍処分となった。
非合法

☐ 9. 高校時代からのなじみの芸妓　　　　と婚姻関係にあった。
小山初代

☐ 10. 1935（昭和 10）年、第 1 回　　　　賞候補となるが落選した。
芥川賞

☐ 11. 1936（昭和 11）年に発表した『　　　　』が出世作である。
晩年

☐ 12. 1939（昭和 14）年、石原美智子と再婚、短編集『　　　　』で北村透谷賞を受賞した。
女生徒

☐ 13. 　　　　で心中した。
玉川上水

☐ 14. 命日である　　　　月　　　　日には　　　　が営まれる。
6 月 19 日　桜桃忌

湯川秀樹 (1907 ～ 1981)

日本人最初のノーベル賞受賞者。

学校で習ったレベル

☐ 1. ☐☐☐☐ 理論を発表した。　　　　　　　　　　中間子**理論**

☐ 2. 1949 (昭和 24) 年に日本初の ☐☐☐☐ を受賞した。　ノーベル**賞**

　　➡このとき受賞したのは ☐☐☐ 学賞である。　　物理**学賞**

大人として知っておきたいレベル

☐ 3. 父は ☐☐☐ 学者の小川琢治である。　　　　地理

☐ 4. 父が京都帝国大学教授となってから京都で育ち、後に

　　ノーベル物理学賞を受賞する ☐☐☐ と出会い、終生　朝永振一郎

　　の友となった。

☐ 5. 1929 (昭和 4) 年、☐☐☐ 大学理学部物理学科を卒　京都帝国**大学**

　　業した。

☐ 6. 1933 (昭和 8) 年、☐☐☐ 大学の講師となった。中　大阪帝国**大学**

　　間子理論はこのときに確立した。

☐ 7. 1935 (昭和 10) 年、☐☐☐ と ☐☐☐ の中間の質　電子、陽子

　　量を持つ粒子の存在を予言し、後に立証した。

☐ 8. 1943 (昭和 18) 年、☐☐☐ を受章した。　　　　文化勲章

☐ 9. パグウォッシュ会議に参加するなど ☐☐☐ 運動に貢献　平和**運動**

　　した。

☐ 10.「☐☐☐ の世界を探求する人々は、☐☐☐ を持たな　未知、地図

　　い旅人である」という名言を残している。

☐ 11. 兄は ☐☐☐ 学者の小川芳樹、東洋史学者の貝塚茂樹、　冶金、

　　弟は ☐☐☐ 文学者の小川環樹と学者一家である。　　中国

現代

小津安二郎 _{おづやすじろう}(1903 ～ 1963)

人々の生活を描く映画で、死後、世界的に注目された。

学校で習ったレベル

昭和を代表する映画監督という形でしか登場しません。

大人として知っておきたいレベル

☐ 1. 現在の ▢（都道府県名） ▢ に生まれた。　　　　東京都、江東区

☐ 2. 1923（大正 12）年、▢ に入社した。　　　　　松竹蒲田撮影所

☐ 3. ▢ 撮影による独特なスタイルを持っている。　　ローアングル

☐ 4. 監督デビュー作は 1927（昭和 2）年の「▢」。　懺悔の刃

☐ 5. 戦前の代表作には 1932（昭和 7）年の「▢」や、　生まれてはみたけれど、
　　　1936（昭和 11）年の「▢」など、小市民の悲　一人息子
　　　哀を描いた映画が有名である。

☐ 6. 戦後の代表作には 1949（昭和 24）年の「▢」、　晩春、
　　　1951（昭和 26）年の「▢」、1953（昭和 28）　麦秋、
　　　年の「▢」などがある。　　　　　　　　　　　東京物語

☐ 7. 「晩春」は、彼の作品の代表的な俳優 ▢ と女優　笠智衆、
　　　▢ を主演に迎えた。　　　　　　　　　　　　　原節子

☐ 8. 「晩春」以降、脚本家の ▢ とコンビを組んで多く　野田高梧
　　　の作品を残した。

☐ 9. 1959（昭和 34）年、日本映画界初の ▢ を受賞　日本芸術院賞
　　　した。

☐ 10. 遺作は、1962（昭和 37）年の「▢」である。　秋刀魚の味

☐ 11. 2012 年、世界の映画監督による世界映画史上のベスト
　　　10 で「▢」が第 1 位となった。　　　　　　　東京物語

☐ 12. 「人間の眼は誤魔化せても ▢ の眼はごまかせな　キャメラ
　　　い」という名言がある。

黒澤明 <ruby>黒<rt>くろ</rt></ruby><ruby>澤<rt>さわ</rt></ruby><ruby>明<rt>あきら</rt></ruby>（1910～1998）

世界のクロサワ、映画監督の第一人者として活躍。

学校で習ったレベル

□ 1. 1951（昭和26）年、「　　　　」でベネチア国際映画 祭金獅子賞を受賞した。　　　　　　　　　　　　　羅生門

大人として知っておきたいレベル

□ 2. 現在の　　　　（都道府県名）で生まれた。　　　　東京都

□ 3. 青年時代は　　　　を志望していた。　　　　　　　画家

□ 4. 1936（昭和11）年、　　　　映画製作所に入社した。　P.C.L
　　➡この会社は同年　　　　に合併された。　　　　　東宝

□ 5. 1943（昭和18）年、「　　　　」で監督デビューした。姿三四郎

□ 6. 1944（昭和19）年、自らの映画に主演した　　　　矢口陽子
　　と結婚した。

□ 7. 「羅生門」は、芥川龍之介の短編小説『　　　　』を 藪の中
　　脚色したものである。（『羅生門』ではない！）

□ 8. 「羅生門」では門の屋根瓦4000枚に　　　　を彫る 年号
　　など、画面に映らない細部にまで作り込んだ。

□ 9. 1954（昭和29）年に発表された「　　　　」は、　　七人の侍
　　2018年にイギリスのBBCが発表した「史上最高の外
　　国語映画ベスト100」で第1位に選ばれた。

□ 10. 1980（昭和55）年、「　　　　」がカンヌ映画祭でパ 影武者
　　ルム・ドールを受賞した。

□ 11. 1985（昭和60）年、　　　　を受章した。　　　　文化勲章

□ 12. 1998（平成10）年、映画監督初の　　　　を受賞した。国民栄誉賞

□ 13. 生涯で　　　　本の映画を制作した。　　　　　　30本

現代

手塚治虫 (てづかおさむ) (1928 ～ 1989)

ストーリー漫画の世界を開拓した。

学校で習ったレベル

☐ 1. 戦後の [   ] の開拓者である。　ストーリー漫画

☐ 2. 代表作の『 [   ] 』は日本で最初の連続テレビアニ　鉄腕アトム
メーションにもなった作品である。

大人として知っておきたいレベル

☐ 3. [   ] (都道府県名) [   ] 市に生まれる。　大阪府、豊中市

☐ 4. [   ] 大学医学部に進んだ。　大阪大学

☐ 5. 大学在学中 1946 (昭和 21) 年、『 [   ] 』でデビュー　マアチャンの日記帳
した。

☐ 6. 1947 (昭和 22) 年、『 [   ] 』が大ヒットし、戦後　新宝島
のストーリー漫画を開拓した。

☐ 7. 東京に出て間もない頃、木造 2 階建てのアパート
[   ] に暮らした。　トキワ荘

　➡ここには [   ]・[   ]・[   ] など、後に漫　藤子不二雄、
画界を席巻する漫画家が集結した。　赤塚不二夫、
石ノ森章太郎

　➡彼らがよく利用した中華料理店は [   ] である。　松葉

　※この店のラーメンが、藤子不二雄作品に登場する小池さんの設定に
影響を与えた。

☐ 8. 亡くなるまでに描き続けた原稿は [   ] 枚にも上ると　15 万枚
いわれる。

☐ 9. 『手塚治虫漫画全集』は、全 [   ] 巻である。　400 巻

☐ 10. 1994 (平成 6) 年、晩年過ごした [   ] 県 [   ]　兵庫県、宝塚市
市に、市が「手塚治虫記念館」を設立した。

植村直己 うえ むら なお み (1941～1984)

数々の冒険を成し遂げた冒険家。若くして命を落とす。

学校で習ったレベル

教科書には登場しません。

大人として知っておきたいレベル

☐ 1. ［　　　　　］大学山岳部に所属したことが登山家になるきっ | 明治大学
かけであった。

☐ 2. 明治大学卒業の翌年 1965（昭和 40）年、明治大学
隊に飛び入り参加し、ヒマラヤの未踏峰［　　　　　］に登 | ゴジュンバ・カン
頂し、探検家人生をスタートさせた。

☐ 3. 1970（昭和 45）年、世界初の［　　　　　］大陸最高峰登 | 五大陸
頂を成し遂げた。

➡ 1966（昭和 41）年、ヨーロッパ最高峰の［　　　　　］ | モン・ブラン
の登頂を成し遂げた。

➡ 1966（昭和 41）年、アフリカ最高峰の［　　　　　］の | キリマンジャロ
登頂を成し遂げた。

➡ 1968（昭和 43）年、南アメリカ最高峰の［　　　　　］ | アコンカグア
の登頂を成し遂げた。

➡ 1970（昭和 45）年、日本人として初めてアジア最高
峰の［　　　　　］の登頂を果たした。 | エベレスト

☐ 4. 1968（昭和43）年、［　　　　　］川3000kmを筏で下った。 | アマゾン川

☐ 5. 1976（昭和 51）年、［　　　　　］による［　　　　　］1万 | 犬ぞり、北極圏
2000km の単独走破に成功した。

☐ 6. 1984（昭和 59）年［　　　　　］山頂付近で亡くなった。 | マッキンレー

☐ 7. 没後、［　　　　　］を受章した。 | 国民栄誉賞

現代

221

◎人物写真の出典

国立国会図書館「近代日本人の肖像」(https://www.ndl.go.jp/portrait/) ほか

鑑真：桑名文星堂『唐招提寺論叢』1944 年 (https://commons.wikimedia.org/wiki/File:Ganjin_ wajyo_portrait.JPG?uselang=ja)

後奈良天皇：目黒書店『国史肖像集成 第 5 輯 天皇篇』1941 年 (https://ja.wikipedia.org/wiki/%E5%B E%8C%E5%A5%88%E8%89%AF%E5%A4%A9%E7%9A%87)

足利義昭：目黒書店『国史肖像集成 第 2 輯 将軍篇』1941 年 (https://ja.wikipedia.org/wiki/%E8%B6 %B3%E5%88%A9%E7%BE%A9%E6%98%AD)

吉田茂：内閣官房内閣広報室 首相官邸ホームページ (https://www.kantei.go.jp/jp/rekidainaikaku/048. html)

池田勇人：内閣官房内閣広報室 首相官邸ホームページ (https://www.kantei.go.jp/jp/ rekidainaikaku/058.html)

田中角栄：内閣官房内閣広報室 首相官邸ホームページ (https://www.kantei.go.jp/jp/ rekidainaikaku/064.html)

太宰治：八雲書店『太宰治全集 第 1 巻 (晩年)』1948 年刊 (https://ja.wikipedia.org/wiki/%E5%A4% AA%E5%AE%B0%E6%B2%BB)

湯川秀樹：Nobel Foundation archive 1949 年 nobelprize.org　(https://ja.wikipedia.org/wiki/%E6 %B9%AF%E5%B7%9D%E7%A7%80%E6%A8%B9)

◎イラストの人物 (いげためぐみ作)

卑弥呼、小野妹子、道鏡、行基、日野富子、世阿弥、尚巴志、狩野永徳、伊能忠敬、白洲次郎、松下幸之助、本田宗一郎、出光佐三、小津安二郎、黒澤明、手塚治虫、植村直己

著者紹介

金谷 俊一郎（かなや・しゅんいちろう）

▶京都市出身。歴史コメンテーター。東進ハイスクールのカリスマ講師として活躍。テレビ・ラジオ・講演会にも多数出演。「日本」と「歴史」に関する解説は、とてもわかりやすいとの定評がある。著書にベストセラー『金谷の日本史「なぜ」と「流れ」がわかる本』シリーズ、『日本史B一問一答完全版』（いずれも東進ブックス）、『金谷の日本史単語帳』（学研プラス）、『日本史劇場　信長たちの野望』（ベレ出版）などがある。

◉──装丁・本文デザイン　　川原田 良一（ロビンソンファクトリー）
◉──本文DTP　　　　　　　川原田 良一（ロビンソンファクトリー）
◉──イラスト　　　　　　　いげた めぐみ
◉──校閲　　　　　　　　　蒼史社

教養として知っておきたい「日本史の200人」一問一答

2021年11月25日	初版発行

著者	金谷 俊一郎
発行者	内田 真介
発行・発売	ベレ出版 〒162-0832　東京都新宿区岩戸町12 レベッカビル TEL.03-5225-4790 FAX.03-5225-4795 ホームページ　https://www.beret.co.jp/
印刷	モリモト印刷株式会社
製本	根本製本株式会社

落丁本・乱丁本は小社編集部あてにお送りください。送料小社負担にてお取り替えします。
本書の無断複写は著作権法上での例外を除き禁じられています。購入者以外の第三者による本書のいかなる電子複製も一切認められておりません。
©Shunichiro Kanaya 2021. Printed in Japan

ISBN 978-4-86064-672-1 C0021　　　　　　　　　　編集担当　森 岳人

臨場感あふれる解説で、楽しみながら歴史を"体感"できる

日本史劇場

金谷 俊一郎 [著]

信長たちの野望

戦乱の世に生きる群雄たちは いかに覇を争ったのか！

本格的
日本史教養書

戦国時代の
流れと
全体像が
見えてくる！

まるで
舞台を観ているような
おもしろさ

・桶狭間の戦い ・清洲同盟 ・稲葉山城の戦い
・姉川の戦い ・石山戦争 ・比叡山焼き打ち
・川中島の戦い ・本能寺の変……

ベレ出版

日本史劇場 信長たちの野望

金谷俊一郎 著

A5判　288ページ　1600円（税別）

織田信長を軸に戦国大名たちの野望とその乱世を描きながら、戦国時代の
全体像を明らかにする。臨場感あふれる解説で、楽しみながら歴史を"体感"
できる一冊。